Richard Bode

Am Strand von Miramar

Richard Bode

Am Strand von Miramar

Auf der Suche nach dem wirklichen Leben

Deutsch von Helga Künzel

Ariston Verlag

Die Deutsche Bibliothek – CIP-Einheitsaufnahme

Bode, Richard: Am Strand von Miramar: auf der Suche nach dem wirklichen Leben / Richard Bode. Deutsch von Helga Künzel. – 1. Aufl. – Kreuzlingen : Ariston Verlag, 1998
Einheitssacht.: Beachcombing at Miramar ⟨dt.⟩
ISBN 3-7205-2000-5

Die amerikanische Originalausgabe erschien 1996 unter dem Titel: »Beachcombing at Miramar. The Quest for an Authentic Life« bei Warner Books, New York, USA

Umschlaggestaltung: Karlheinz Rau, München
Umschlagmotiv: Eckhard W. Schulz, Fotodesign, München
Herstellung: Karlheinz Rau, München
Satz: SatzTeam Berger, Ellenberg
Druck und Bindung: Freiburger Graphische Betriebe
Printed in Germany

ISBN 3-7205-2000-5

Für Julian Bach,
der an mich glaubte, bevor ich selbst
an mich glaubte

Inhalt

Es bedeutet schon etwas, fähig zu sein, ein bestimmtes Bild zu malen oder eine Statue zu meißeln und auf diese Weise einige schöne Dinge zu gestalten; aber viel herrlicher ist es, das Atmosphärische als solches zu malen und zu gestalten – das eigentliche Medium, durch das wir schauen –, und das vermögen wir geistig, moralisch.

Henry David Thoreau

1

Das Kind sieht

Ich streife jetzt seit einem vollen Jahr über den Strand von Miramar, und ich habe in dieser Zeit viele Menschen kennengelernt, die sagen, sie würden gern auch so ein Strandläufer sein wie ich. Für sie ist das die einfachste Sache der Welt. Sie meinen, dazu brauche man nichts als die richtigen Klamotten: weiße, bis zu den Knien hochgerollte Leinenhosen, ein verwaschenes blaues Jeanshemd und einen Strohhut, um das Gesicht vor der Sonne zu schützen. Einige von ihnen gehen doch tatsächlich in ein vornehmes Modegeschäft und bezahlen einen Phantasiepreis für entsprechende Kleidungsstücke, in der Überzeugung, diese würden sie in jene Person verwandeln, von der sie glauben, daß sie sie gern wären.

Ich sehe sie am Strand entlanggehen, einen Monat, eine Woche, ein paar Tage, die Köpfe gesenkt, Steine und Muscheln aus dem Sand klaubend. Sie halten inne, um mit mir zu plaudern, und holen aus irgendeiner tiefen Tasche einen angeschwemmten Schatz hervor, als hätten sie ein verlorenes Amulett wiedergefunden. Nach einiger Zeit verschwinden sie jedoch und widmen sich wohl wieder der Beschäftigung, von der sie unbedingt hatten frei sein wollen.

Wenn sie so am Rand des Meeres dahinwandern, wissen sie offenbar nicht, daß das Leben eines Strandläufers ziemlich hohe Anforderungen stellt, Disziplin und Eifer verlangt. Man muß jeden Tag an den Strand, ohne Ausnahme, und bis zu den Knöcheln in der weißen Brandung waten oder barfuß im heißen Sand gehen. Aber nicht das Gehen, sondern das ständige Schauen ist es, das den psychischen Streß verursacht. Es ist der Reichtum an Leben in der Gezeitenzone, es sind die Seepalme und der Riementang, die Napfschnecken und die Sandkrebse. Wer nicht an eine solche Fülle gewöhnt ist, kann schnell ermüden bei dem Versuch, alles in sich aufzunehmen.

Bei meinen Streifzügen an diesem Strandstück habe ich gelernt, mein Tempo so zu steuern, daß ich nicht überwältigt werde. Ich laufe nicht, ich gehe nicht rasch, ich versuche nicht, meinen Pulsschlag zu beschleunigen; ich bin nicht hier, um abzunehmen oder meine Lunge zu trainieren. Ich bin hier, um meinen Schatten zu beobachten, der manchmal kurz und manchmal lang ist, je nach der Stellung der über meinem Kopf dahinziehenden Sonne.

Ich bin kein Einsammler, zumindest nicht im herkömmlichen Sinn des Wortes. Gleich meinen Vorfahren bin ich ein Jäger-Sammler, aber mich interessieren keine Gegenstände, obwohl ich in mein Haus über den Dünen einmal einen verwitterten Monterey-Kiefernzapfen mitnahm und ein glattes Stück Treibholz, in das jemand die Worte geschnitzt hatte: »Das Leben ist nur ein Traum.« Die schön geformte Tafel nagelte ich an meine Haustür, so daß ich jedesmal, wenn ich heimkomme, mit diesen schicksalsschweren Worten konfrontiert werde.

Auch ein Maler bin ich nicht, obwohl ich mir wünschte, einer zu sein; ich suche vielmehr nach jenen unerwarteten Bildern, die aus dem Nichts auftauchen, um die Art meines Lebens zu definieren und mir in Erinnerung zu rufen, wer ich bin. Mein Vater war Maler, ein richtiger Maler, der mit Ölfarben arbeitete. Als ich ein Junge war, nicht älter als sechs, zeigte er mir, wie man menschliche Figuren zeichnete, mit Ovalen für Kopf, Körper, Arme und Beine. Er starb jedoch vor dem nächsten Unterricht, deshalb kam ich nie weiter; ich zeichne als Mann noch genauso unbeholfen wie als Junge.

Der Hunger danach ist allerdings noch in mir, also muß ich mich mit dem begnügen, was ich kann. Vor langer Zeit gab ich die Idee auf, Farbe auf eine Leinwand zu pinseln. Statt dessen begann ich den Tag selbst zu malen, die Luft, die ich atmete, denn das kann ich, wie ich herausfand. Ich kann das Leben fassen, das um mich herum wirbelt, kann es biegen und verzerren, um ihm Perspektive zu geben, es in einen geistigen Rahmen fügen und es überallhin mitnehmen, wohin ich gehe. Ich weiß nicht, ob das leichter oder schwerer ist als das Zeichnen auf einen Skizzenblock, aber mir bleibt keine Wahl; ich werde an diesen Ort getrieben, dieses Habitat, diesen Strand von Miramar, so unwiderstehlich, als sei ich eine Seeschwalbe oder eine Möwe.

Ich habe auch angefangen, Szenen zu sammeln – ruhige Szenen, turbulente Szenen –, die für immer in mein Gedächtnis eingegraben sind. Auf meine eigene kleine Art warte ich auf das, was ich liebe, auf die Liebe selbst, halte sorgfältig Ausschau, offen für jede Möglichkeit, denn ich habe keine Ahnung, was erscheinen wird, wenn ich es am wenigsten erwarte.

Hier, zu meinen Füßen, vereinigt sich Schaum aus der Brandung mit dem Seetang und gleitet in der sanften Brise über den Strand wie ein Schlangenbart. Ich nehme etwas Schaum mit der hohlen Hand auf und blicke in ein Luftkügelchen, das eine Welt in einer

Welt widerspiegelt. Ich berühre die Blase mit dem Finger, und die Welt, die ich vor einem Augenblick sah, explodiert. Doch ich sehe sie noch, vor meinem geistigen Auge, das lebendige Bild dessen, was einmal war, und sie ist jetzt für mich genauso wirklich wie zuvor.

Wo sich die Dünen teilen, erscheint ein Paar, das einen dreiräderigen Buggy mit einem Kind schiebt. Die beiden bleiben mitten auf dem Strand stehen, um ihre Aufwärm-Übungen zu machen, die Knie zu beugen und die Achillessehnen zu dehnen. Als sie fertig sind, schieben sie den Buggy auf den nassen, zusammengepreßten Sand, dann joggen sie auf mich zu. Sie sind ernsthafte Läufer, schauen weder nach rechts noch nach links, laufen im Einklang: linkes Bein, rechtes Bein, linkes Bein, rechtes. Ein Rabe schwingt sich über die Dünen empor; ein Seelöwe taucht in den Brechern auf. Die beiden bemerken es nicht. Aber das Kind in dem Buggy dreht den Kopf hin und her, vom Land zum Meer, vom Meer zum Land. Das Kind sieht.

2

Dollar im Sand

Es gibt zwei Arten des Strandlaufens, und beide sagen mir zu. Die eine besteht darin, den Horizont zu erforschen, über die Brecher zu blicken oder die dunstige Küste entlang, bis undeutliche Formen sich als das offenbaren, was sie sind. Bei der anderen geht man mit gesenktem Kopf und sucht in dem sonnengebleichten Sand nach Schätzen. Ich weiß nie im voraus, welcher Impuls – forschen oder suchen – mich erfassen wird; das entscheidet sich erst, wenn ich zum Ufer hinuntergehe.

An diesem Morgen befinde ich mich in Suchstimmung, also schlendere ich ziellos dahin, grobe Richtung Süden, und mustere aufmerksam den Sandkreis um meine Füße. Ich weiß nicht, wie so subtile Entscheidungen getroffen werden oder ob man sie überhaupt trifft. Ich bin wie ein Zugvogel, bewege mich instinktiv, mein Verhalten wird von Kräften außerhalb meiner selbst gesteuert: von der Helligkeit der Sonne, dem Winkel des Windes, der Richtung der Gezeiten. Die Elemente mischen ihre Zauberkraft in meinem Geist, und meine Füße reagieren.

Das ablaufende Wasser hat einen breiten Streifen nassen Sandes freigelegt. Die Sanderlinge sind da, sie suchen Futter in den zurückgebliebenen Tümpeln, stochern mit ihren nadelscharfen Schnäbeln nach winzigen Mollusken und Würmern.

Ihre Beine sind kaum so lang wie mein längster Finger, doch sie trippeln ungeheuer rasch, bewegen sich doppelt so schnell wie ich. Hätte ich ihr Tempo, wäre ich inzwischen schon meilenweit unten an der Küste.

Die tosenden Brecher jagen sie den Strand hinauf, und sie jagen die zurückfließenden Brandungswellen den Strand hinab. Ich staune darüber, wie präzise sie eingestimmt sind, so daß sie ihr unermüdliches Fang-Spiel mit der Brandung treiben können. Offenbar wissen sie intuitiv, wie rasch eine Welle über den Sand rollen wird. Sie laufen gerade schnell genug, um vor dem schäumenden Wasser zu bleiben, wenn es anbrandet – und folgen ihm, wenn es wieder abfließt.

Ich fühle mich den Sanderlingen verwandt, als seien wir an ein gemeinsames Ziel gebunden – trotz der äußeren Unterschiede in der Art unseres Verhaltens. Ihr Tempo wirkt hastig, meines gemächlich. Sie suchen nach Nahrung; ich suche nach den Gaben, die von den Wellen herangespült werden. Wer will sagen, daß meine Suche weniger wichtig ist als ihre oder daß ihre lebensnotwendiger ist als meine?

Als ich in Miramar eintraf, war ich bei weitem nicht so reich wie heute. Meine Habe bestand aus meinem Lieferwagen, meinen Kleidern, meiner Schreibmaschine, meinem Plattenspieler, meinem kompletten Lexikon und ein paar Lieblingsbüchern. Nach Jahren des Ansammelns hatte ich den unwiderstehlichen Drang verspürt, die Dinge zu vereinfachen, meine Besitztümer auf das unbedingt Nötige zu beschränken, um so leicht, so frei wie möglich auf dem Antlitz der Erde wandeln zu können.

Außerdem gehörte mir ein Scheck, der, machte ich ihn zu Bargeld, vermutlich einen Schuhkarton mit Zwanzig-Dollar-Scheinen füllen würde. Er war ein Rest, mein Bruchteil von dem beträchtlichen Vermögen, das ich mit der mir dreißig Jahre lang angetrauten Frau gemäß der Bedingungen unserer Scheidung geteilt hatte. Ich hatte das Geld verdient, brauchte es jedoch nicht. Sie hatte das Geld nicht verdient, brauchte es jedoch. Mit diesen gegensätzlichen Haltungen oder Lebenseinstellungen als Basis unseres Handelns hatten wir ein Abkommen geschmiedet: Sie erlangte finanzielle Sicherheit; ich erkaufte meine Freiheit, die mir kostbarer war als der Atem selbst.

Meine Freunde und Berater waren äußerst entsetzt. »Handle nicht so überstürzt!« sagten sie. »Der Tag wird kommen, an dem du dir wünschst, du hättest das Geld, das du ihr gegeben hast.«

Sie meinten es gut, wie es Freunde ja oft tun, aber ich hatte damals das Gefühl und bin jetzt ganz sicher, daß ihr Rat auf der falschen Annahme beruhte, Geld sei ein fester Körper, den man, wenn man ihn einmal abgetreten hat, nie wiederbekommen könne. Geld ist jedoch kein fester Körper; es ist eine Flüssigkeit, wie Wasser. Jenen Becher voll, den ich über eine Seite des Schiffs gieße, schöpfe ich auf der anderen Seite wieder heraus.

Ich ging aus meiner Ehe genauso heraus, wie ich vor drei Jahrzehnten hineingegangen war. Ich hatte keine Hypothek, keine Kreditkarten-Außenstände, keine Bankdarlehen. Etwas jedoch besaß ich, irgendwo mitten in meinem Geist, nämlich ein Gyroskop, ein Orientierungsgerät, das mich in eine Richtung wies und mir bedeutete, wohin ich zu gehen hatte. Ich brach auf, fuhr durch schneebedeckte Kornfelder und Präriegebiete, überquerte die Continental Divide – diese von den Rocky Mountains gebildete Wasserscheide –, reiste auf der Suche nach einem Ort, an dem ich mich zu Hause fühlte, von einer Küste Nordamerikas zur anderen.

Und jetzt bin ich hier, streife am Strand entlang und beobachte die faustgroßen Küstenvögel bei ihrer Nahrungssuche. Sie haben kein Proviantlager, keine Vorräte, keinen Laden; gleich mir leben sie von ihrem Verstand und holen sich das, was sie brauchen, aus dem Meer.

Wie kommt es, frage ich mich, daß ich so wenig Geld habe und doch so gut lebe?

Die Antwort weiß ich, noch bevor mein Gehirn die Frage ausgewertet hat. Zum Teil liegt es an dem, was ich abgeworfen habe, die materiellen Bürden des Lebens, die mich früher niederdrückten, und zum Teil an den nützlichen Dingen, die ich beim Durchkämmen des Sandes finde: Ziergegenstände, Gebrauchsartikel, Relikte, Weggeworfenes der Zivilisation. Eine Glasflasche mit engem Hals dient als Vase, und ein steifes Leinwandsegel – Überbleibsel von einem Schoner, der an den Felsen vor der Küste zerschellt war – spendet Schatten auf meiner sonnenheißen Veranda.

Am meisten verblüfft mich, wie das Meer meine Bedürfnisse vorausahnt. Einmal stolperte ich über eine Teakholzkiste, die vermutlich ein reicher Jachtbesitzer aus seiner Kabine befördert und über Bord geworfen hatte, als er hier vorbeigesegelt war. Ich glaube nicht, daß er die Absicht hatte, sie mir zu überlassen, aber das Meer in seiner unendlichen Weisheit wußte, daß meine Stereoanlage auf dem Boden stand. Ich schleppte die Kiste zu meinem Strandhaus, wusch sie ab, ließ sie trocknen, und jetzt liegt sie in einer Ecke meines Wohnzimmers vor Anker. Mein Plattenspieler steht darauf, meine Platten liegen auf den dicken unteren Brettern, und jeden Morgen beim Frühstück erklingt zu meinen Rühreiern ein Concerto.

Etwa hundert Meter vom Ufer entfernt hat sich Tang zu einer dicken Schicht angesammelt; das Seegras bricht weg und bildet Klumpen entlang der Küste. Sandflöhe hüpfen auf der wirren Masse, um die ich einen großen Bogen mache, aus Angst, diese Aasfresser könnten mich anspringen und sich an mir laben. Dahinter wage ich mich näher ans Wasser; die Brandung rollt an meinen Beinen, bis zu den Oberschenkeln hoch, und als sie zurückweicht, sehe ich im Sand eine kreideweiße Scheibe.

Es ist ein Sanddollar. Ich lege ihn flach auf meinen Handteller und studiere seine deutliche Prägung: fünf Blumenblätter, die mir in Erinnerung rufen, daß das hier kein lebendes Geschöpf ist, sondern das Skelett eines Seeigels namens Sanddollar. Die Blätter sind fossile Abdrücke seiner Atemröhren. Doch die Blume ist so fein auf seine konvexe Oberfläche geritzt, daß man sie für die Lithoschraffierung eines Meisterkünstlers halten könnte, eine Symphonie auf Stein.

Im Sand schimmern ein zweiter und ein dritter, ich lege sie frei; jeder ist kleiner als der vorhergehende. Sie scheinen mir, in absteigender Ordnung, eine Fünf-Cent-Münze und ein Vierteldollar zu sein – auch wenn meine Bank hier am Ort ihnen gemäß den derzeit bei ihr geltenden Wechselkursen keinen Wert beimißt. Ich lege alle drei auf meine offene Handfläche und mustere sie nacheinander. Auf dem kleinsten entdecke ich Spuren von lavendelgrauen Stacheln, die in der Meeresströmung wogten wie ein Grasfeld im Wind, solange der Sanddollar lebte.

Meine Zehen sind taub von dem kalten Wasser, darum gehe ich ein Stück den Strand hoch, um sie im warmen Sand zu trocknen. Der höhergelegene Küstenstreifen ist übersät mit Treibholz und Seepflanzen, angeschwemmt von den anrollenden Wellen und der Flut, außerdem mit zersplitterten Baumteilen, die aus den Redwoodwäldern heruntergespült wurden, sowie mit zerbrochenen Seegrasstengeln und spröden, ausgebleichten Vogelknochen. Ich halte ein, um ein Stück Kork zu mustern, da sehe ich zu meinen Füßen vier durchnäßte Dollarscheine. An ihrem Nennwert besteht kein Zweifel, denn ich erkenne einwandfrei das mürrische Gesicht George Washingtons, das zu mir emporstarrt. Ich hebe die Scheine auf, reibe sie zwischen den Fingern, halte sie in die Mittagssonne. In der oberen linken Ecke lese ich die Worte: *This note is legal tender for all debts, public and private* (Dieser Schein ist gesetzliches Zahlungsmittel für alle Schulden, öffentliche und private).

Ich blicke den Strand hinauf und hinunter, er ist in beiden Richtungen menschenleer. Vielleicht gehört das Geld einem Surfer, aber ich sehe nirgends in den Wellen einen Kopf. Ich kann wählen. Entweder lasse ich die Scheine am Strand liegen, in dem Wissen, daß die Flut sie mitnehmen wird, bevor ihr rechtmäßiger Besitzer wieder hier vorbeikommt, oder ich stecke sie ein – und dafür entscheide ich mich. Nach meinem Gefühl unterscheiden sich diese durchtränkten Scheine nicht von der Flasche, der Segelleinwand, der Teakholzkiste oder den anderen Geschenken, die vom Meer hereintreiben.

Ich steige den Küstenhang hinauf und lasse mich gegen eine Sanddüne plumpsen. Dann schließe ich die Augen und versuche zu ergründen, wie es kommt, daß sich diese beiden verschiedenen Dollararten so nahe beisammen am Strand finden. Wenn ich Sanddollars suche, finde ich wirkliche Dollars; wenn ich nach wirklichen Dollars suche, finde ich sie nie, und ich gehe an den Sanddollars vorbei, ohne überhaupt zu merken, daß sie da sind. Plötzlich wird mir etwas über mich selbst klar. Schon mein ganzes Leben lang tendiere ich dorthin, wo das Heilige und das Profane, das Wilde und das Göttliche einander begegnen.

Ich könnte Millionär sein; das meine ich wortwörtlich. Vor Jahren, lange bevor ich nach Miramar kam, war ich in einer großen New Yorker Public-Relations-Firma beschäftigt, die sich inzwischen zu einer der größten der Welt entwickelt hat. Diese Firma verfügte über einen äußerst verführerischen Gewinnbeteiligungsplan, der darauf ausgerichtet war, die Beschäftigten von der Flucht abzuhalten, und ich war in den Plan einbezogen.

Jedes Jahr legte die Firma einen bestimmten Prozentsatz meines Gehalts in meinem Namen beiseite. Wenn ich zehn Jahre in dem Plan blieb, stand mir der volle Betrag zu, das heißt, das ganze auf meinem Namen einbehaltene Geld gehörte dann mir. Verließ ich die Firma nach zehn Jahren, konnte ich sorgenfrei leben. Verließ ich sie nach zwanzig Jahren, war ich reich. Verließ ich sie nach dreißig Jahren, hatte ich mir ein Vermögen erspart, mit dem ich für mich, meine Kinder und Generationen meiner Enkel sorgen konnte.

Als ich in die Firma eintrat, erklärte mir der für Finanzfragen zuständige stellvertretende Direktor, auf diese Weise könne ich mir Besitztum schaffen. Er fragte mich nicht, ob ich mir Vermögen, Besitztum schaffen wollte. Er nahm es als sicher an, und zu diesem frühen Zeitpunkt meines Lebens wollte ich es wohl auch. Doch der kleine Raum, den man mir zuteilte, hatte versiegelte Fenster, und aus der Röhre über meinem laminierten Schreibtisch strömte übelriechende Luft. Ich mußte mich jeden Morgen eintragen und jeden Abend austragen.

Jeden Tag Punkt zwölf Uhr mittags verließ ich das Büro und verbrachte meine Lunch-Stunde, indem ich durch die Straßen der Stadt wanderte, ihre Bilder und Geräusche in mich aufnahm. An manchen Tagen bummelte ich über die United Nations Plaza, lehnte mich an das Geländer überm East River und beobachtete die vorbeikreuzenden Boote. An anderen Tagen schlenderte ich zum Rockefeller Center, setzte mich in eine Bank der St.-Thomas-Kirche oder besuchte die Menagerie im Central Park.

Nach einiger Zeit begann ich meine einstündigen Ausflüge auf zwei Stunden auszudehnen. Ich ging zum Fähranleger in der Battery oder beim Hudson den Riverside Drive hinauf bis zum Soldiers' and Sailors' Memorial oder auch durch die Stadt ins Gewirr auf dem Times Square. Damals wußte ich es nicht, aber ich durchkämmte als »Strandläufer« die Forty-second Street, den Columbus Circle und die Avenue of the Americas und bereitete mich auf meinen wahren Beruf vor.

Mein Chef sagte nichts, denn ich leistete gute Arbeit und holte die verlängerte Lunch-Stunde auf andere Weise herein. Nach einem Jahr gewann ich einen mit tausend Dollar dotierten Preis für das kreativste Projekt in der Agentur. Er brachte mir jedoch keine Befriedigung, denn ich sah keinen Sinn in dem, was ich gemacht hatte. Die wirklichen Dollars waren vorhanden, aber die Sanddollars fehlten, und für mich kam das eine ohne das andere einer Hochzeit ohne Braut gleich.

Ich schied nach sechs Jahren aus, gab das Geld auf dem Gewinnbeteiligungskonto verloren. Einige der Leute, mit denen ich vor einem Vierteljahrhundert arbeitete, sind noch dort. Das ist eines der Rätsel des Lebens. Wie kommt es, daß einige bleiben und einige gehen? Kurz vor meiner Abreise nach Miramar traf ich einen meiner ehemaligen Kollegen in einem SoHo-Bistro. Er erinnerte sich genau an meinen Weggang.

»Ich betrachtete ihn immer als eine ungeheuer mutige Tat«, sagte er.

Das meinte er offenbar ehrlich. Doch er täuschte sich, was ich ihm freilich nicht sagte. Ich kann genausowenig sagen, daß ich beim Aufgeben der Stellung mutig handelte, wie ich sagen kann, daß ein vom Ersticken bedrohter Mann mutig handelt, wenn er zu atmen versucht.

Ich ging damals nicht direkt nach Miramar. Es gab andere Orte, die ich aufsuchen mußte, andere Leben, die ich führen mußte. Es galt eine Hypothek abzuzahlen, eine Frau und vier lebhafte Kinder zu ernähren.

Ich wurde freiberuflicher Schriftsteller, schrieb Artikel für Zeitschriften und Reden für leitende Angestellte. Man bezahlte mich nicht nach der aufgewendeten Zeit, sondern nach dem Produkt, das ich lieferte. Kam mit der Post ein Honorarscheck, wußte ich genau, wofür er war. Ich konnte das Manuskript in der Hand halten; ich konnte meine Worte auf der gedruckten Seite lesen.

Meine Arbeit führte mich in eine Welt, die mir sonst wohl verschlossen geblieben wäre, und ich fand heraus, wie sie funktionierte. Ich ging nach Indiana, um mir den brennenden Hochofen eines Stahlwerks anzusehen, und nach Vermont, um Computerchips auf einem Luftpolster ein automatisches Produktionsband entlanggleiten zu sehen. Ich fuhr zu einem Feldcampus in der Sierra, um einen angesehenen Wirtschaftsexperten über die eigentlichen Ursachen der Inflation zu interviewen, und nach Washington, D.C., um Fachleute zu bitten, mir die Gründe für die zögerliche Industrieproduktion zu erklären. Ich traf mich mit dem Manager einer Wertpapiergesellschaft im obersten Stock eines Wolkenkratzers und mit dem Bediener eines Förderbands unten in einer Sandgrube.

Ich reiste an alle diese Orte und tat alle diese Dinge, und mich reut kein einziger Moment, denn jede Erfahrung trug ungeheuer zur Summe dessen bei, was ich bin und was ich weiß. Doch es kam der Tag, an dem meine Kinder keine Kinder mehr waren und ihr eigenes Leben begonnen hatten; ich wußte, daß auch für mich die Stunde gekommen war, an einen Ort im Leben zu gehen, an dem ich noch nie gewesen war.

Jetzt stehe ich da, mit Wellen zu meinen Füßen und mit Worten, die vor zweitausend Jahren auf einem Hügel gesprochen wurden und durch mein Hirn wirbeln wie vom Sturm zerstäubtes Wasser:

»Schauet die Lilien auf dem Felde, wie sie wachsen ...«

Wie sie wachsen! Das ist der springende Punkt – dieser so unschuldig klingende Satz, den wir leicht übersehen. Ich frage mich, wie verkümmert ich heute wäre, hätte ich mir Sorgen darüber gemacht, was ich essen oder trinken oder anziehen solle, so wie es mir überhaupt viel zu riskant erschienen wäre, nach Miramar zu gehen.

Ich bücke mich, um eine blasse Flugfeder aufzuheben, in dem Moment erfaßt ein leichter Windstoß ihr Blatt und bläst sie davon. Ich jage ihr nach, erwische sie, ergreife sie am hohlen Kiel und drehe sie zwischen Daumen und Zeigefinger, einen so dünnen, leichten Stab, daß ich sein Vorhandensein kaum spüre. Aus der Länge und Farbe der Feder schließe ich, daß sie einst einer westlichen Möwe gehörte, die sie nicht mehr brauchte und darum auf dem Strand zurückließ, damit ich sie finde und verwenden kann, wie ich will.

Ich könnte eine Schreibfeder daraus machen, aber ich weiß, daß nichts, was sich mit ihr anfangen ließe, ihr größere Nützlichkeit verleihen würde als jene, die sie bereits im Gefieder des Vogels hatte. Ich beschließe, sie mit nach Hause zu nehmen und auf meinen Schreibtisch zu legen, zur Erinnerung daran, welche gewichtslose Kraft man zum Fliegen braucht.

Unter der Niedrigwasserlinie gewahre ich im dunklen Sand eine rosarote Pilgermuschel, die von einer zurückweichenden Welle freigelegt worden ist. Ich hebe sie auf und untersuche sie sorgfältig. Es ist eine fast perfekte Muschel mit einer kleinen Absplitterung im Rand, woran ich erkenne, daß sie zu dem gehört, wonach ich suche. Ich stecke sie in meine Hemdtasche. Später werde ich sie meiner Sammlung von Uferschnecken, Scheidenmuscheln, Wellhornschnecken und Miesmuscheln einverleiben, die mein Küchenfensterbrett schmücken. Ich lege nur jene aus, die kleine Fehler haben; gerade der Makel ist es, der einer Muschel ihren Charakter verleiht.

Ich finde eine Schlüsselschnecke und eine Turbanschnecke. Ich halte sie an die Nase und atme ein, in der Hoffnung, den Geruch von Gezeitentümpeln wahrzunehmen, aber meine Funde sind salzgewaschen und sandgeblasen, riechen frisch wie an der Leine getrocknete Wäsche. Mir kommt der Gedanke, daß ich aus meinen Muscheln und Schnecken eine Wampum-

Halskette machen und sie als legales Zahlungsmittel offerieren könnte, um dieses Strandstück zu kaufen, dieses Miramar! Dann wird mir klar, daß ich nichts im Tausch weggeben muß für das, was ich haben will, weil es mir dank unveränderlicher Gesetze bereits gehört.

3

Ein einsamer Strand

Die zersplitternde Veranda meines Strandhauses reicht über die ganze Vorderseite und ist der untergehenden Sonne zugewandt. Am Spätnachmittag treffe ich mich dort mit meinen imaginären Wasserfarben und der in meinem Geist vorhandenen Staffelei. Ich bin ein geduldiger Mensch; ich kann stundenlang dasitzen, wenn es sein muß, reglos wie ein Reiher, und darauf warten, daß das richtige Bild erscheint. Jetzt eben habe ich das Gefühl, daß irgend etwas Bedeutsames geschehen wird, und ich möchte zugegen sein, wenn es geschieht. Vielleicht ist es riesig wie eine Ausreißerwelle, die sich über die Dünen ergießt, oder klein wie ein aus dem Meer kriechender Einsiedlerkrebs.

Nicht immer hat mich dieses Gefühl der Erwartung erfüllt, als würde mir das Universum jeden Augenblick seine tiefsten, dunkelsten Geheimnisse enthüllen. Bei meiner Ankunft in Miramar war ich wie ein Schiffbrüchiger auf einer verlassenen Insel, allein und mißtrauisch gegenüber jedem Lebewesen. Inzwischen aber fühle ich mich, wie sich nach meinem Eindruck Paul Gauguin gefühlt haben muß, als er endlich Tahiti erreichte, das Land seiner Wachträume.

»Ich begann zu arbeiten – Notizen, Skizzen aller Art«, schrieb er in seinen Memoiren. »Alles in der Landschaft blendete und verblüffte mich.« Beim Malen warf er die Lederhaut der Zivilisation ab und wurde der nackte Wilde, zu dem er bestimmt war – »mein Körper nackt, mit Ausnahme des wichtigen Teils«.

Er tauchte in *Noa-Noa* ein, den berauschenden Duft Ozeaniens, und lernte Tehura kennen, die seine Geliebte wurde, »... und Wonne folgte auf Wonne. Jeden Tag in der Morgendämmerung«, schrieb er, »erhellte das Gold von Tehuras Antlitz das Innere unserer Hütte, und wir beide gingen ganz natürlich und einfach, wie im Paradies, zu dem nahen Fluß, um uns zu erfrischen.«

Tehura, Tehura – ich sage das Wort immer wieder, als könnte ich ihm sein Geheimnis entwinden, indem ich es leise flüsternd wiederhole. Wie weit, so frage ich mich, muß ein Mann reisen, um eine Frau mit einem solchen Namen zu finden?

Ich habe das Gefühl, den Drang des Malers jetzt besser zu verstehen als je zuvor, denn meine langen, ruhigen Tage haben mich gelehrt, daß ich auf diesem Strandstreifen weniger allein bin, als ich es auf den Straßen New Yorks war. Gauguin wurde keineswegs von der Isolation angezogen; er floh vor ihr. Die Einsamkeit war es, die ihn in die Südsee trieb, diese abtötende Einsamkeit, die uns in einer gesichtslosen Menge oder einer lieblosen Ehe übermannt, diese Einsamkeit, die sich in der sanften Wärme einer tropischen Brise verflüchtigt. Die Anziehungskraft jenes fernen Ortes war so stark, daß Gauguin gar keine andere Wahl blieb, als seine Frau und seine Kinder zu verlassen, seine Arbeit aufzugeben und fortzuziehen, wie die Schwalbe fortzieht, wenn sich die Jahreszeit wendet.

Was er tun wollte, tun mußte, war schlicht und einfach, mit moralischer Intensität zu malen. Er mußte malen – nicht seine Bilder, die als solche Meisterwerke sind, sondern sich selbst, eben das Mittel, durch das er schaute, und das ist eine viel gewaltigere Aufgabe. Er mußte den Mann erschaffen, der er sein wollte, und er konnte dieses Wunder, das wir Transfiguration nennen, nur auf einem Boden vollbringen, der seinem Herzen und seiner Seele verwandt war.

Ich glaube, daß wir alle auf diesen Kurs ausgerichtet sind, ob wir es wissen oder nicht, denn wir alle sind, wie *Jedermann*, im gleichen Moralitätsspiel gefangen. Ich sehe jetzt, daß dies auf mich zutrifft, und ich verstehe jetzt, wie es dazu kam, daß ich angesichts der Nachwirkungen meiner Ehe die Alleinreise zum Strand von Miramar unternahm. Ich war allein bei der Ankunft, allein wie nie zuvor. Doch mit jedem Tag meines Alleinseins ließ meine Einsamkeit nach, und mein Leben als einziger Schöpfer meiner selbst begann.

Mich verlangt heftig nach meiner Abgeschiedenheit, und ich versuche sie zu schützen, mich zu verteidigen gegen das Eindringen, die Unterbrechungen und die gutgemeinten Einladungen anderer, die mich in ihre Lebensweise hineinziehen wollen, in das einzige Leben, das sie kennen. Ich wehre ihre Bemühungen ab, so gut ich kann, doch jedesmal, wenn das Telefon läutet, fürchte ich, es sei das Ehepaar über der Straße, das es nicht ertragen kann, mich allein auf meiner Veranda sitzen und aufs Meer starren zu sehen.

Die beiden haben mir klar gemacht, daß ich nach ihrer Ansicht einsam bin, weil ich allein bin, darum laden sie mich mindestens einmal in der Woche zum Abendessen ein, in der Überzeugung, ich könne, wie sie es ausdrücken, »etwas Aufheiterung – ein bißchen Gesellschaft« brauchen. Wenn ich zu ihnen gehe, stelle ich jedoch jedesmal fest, daß sie die Niedergeschlagenen sind und die Last bei mir liegt. Nach meinem Gefühl bin ich weniger ihr Gast als ihr Abendunterhalter. Sie wollen, daß ich charmant bin, mit Witz Konversation mache, an der Oberfläche bleibe und nie tief schürfe oder zuviel enthülle, und das ist eine größere Belastung, als ich ertragen kann.

Ich würde mein Innenleben mit ihnen teilen, wenn sie es zuließen. Doch ich weiß, daß es sie verlegen machen würde, wenn ich die intimen Einzelheiten meines Lebens offenbarte, etwa so, als hätte ich mich vor ihnen ausgezogen und stünde splitternackt in ihrem Wohnzimmer. Ich versuche, mit ihnen als einzelne zu sprechen, als Mann und Frau statt als Eheleute. Aber sie machen es mir unmöglich, mit einem von ihnen zu sprechen, ohne auch mit dem anderen zu sprechen, außerdem liegen sie sich ständig in den Haaren, während sie zu vermitteln versuchen, was sie denken und empfinden.

»Was wir glauben ...«, könnte die Frau sagen, und der Mann würde ihre Aussage berichtigen, erklären, was sie sagen wollte, worauf sie sich gegen seine Unterbrechung verwahrt und behauptet, er hätte ihre Worte falsch ausgelegt. Er lächelt dann leicht, gibt ihr recht, und sie nimmt seine Entschuldigung mit einem Kopfnicken an. Dann redet sie weiter über ihrer beider gemeinsamen Standpunkt, als wären sie irgendein Sagentier mit zwei Körpern und einem Kopf.

Wenn sie in meiner Gegenwart auf solche Weise miteinander wetteifern, bleibt mir nichts anderes übrig, als still dazusitzen, meine Suppe zu löffeln und wider jede Hoffnung zu hoffen, daß sie vor dem Nachtisch auf gemeinsamen Boden finden. Nur so kann ich vermeiden, damit herauszuplatzen, daß der Mann nicht für die Frau sprechen muß und sie nicht für ihn – daß er seine Wahrnehmungen haben kann und sie die ihren und daß diese keineswegs übereinstimmen müssen. Dieser simple Gedanke kommt ihnen offenbar nicht, also führen sie ihren Kampf auf Leben und Tod in leiser Tonart weiter, ohne zu merken, wie unheilvoll er ist.

Wenn der Abend sich dem Ende nähert, bin ich mit Traurigkeit erfüllt, denn ich spüre das Hoffnungslose ihrer Lage und weiß, daß ich nichts tun kann. Ich sehe, daß sie in ihrer Einsamkeit gefangen sind und daß jeder dem anderen die Schuld an der Isolation gibt, aus der sie sich nicht lösen können. Mir scheint, daß sie sich zanken, weil sie nichts Besseres zu tun haben; der Streit selbst ist eine Form der Erleichterung, ein Weg, der sie wissen läßt, daß sie noch leben.

Am heutigen Abend muß ich mich jedoch nicht mit dem Paar über der Straße befassen. Die Zeitspanne bis zum Versinken der Sonne hinterm Horizont gehört mir, mir ganz allein. Ich stehe aus meinem Liegestuhl auf und gehe in die Küche, enthülse ein paar Erbsen, stecke sie in die Tasche und wandere barfuß – beim Gehen knabbernd – zu dem heiligen Ort, wo die Brandung auf das Land trifft.

Dort komme ich an, als der Rand der Sonne die Horizontkante des Meeres berührt. Das Licht wird vom Wasser abgestrahlt und fällt auf einen polierten Gegenstand neben meiner kleinen Zehe. Ich bücke mich und hebe ihn auf; es ist ein ovales Stück hellblaues Strandglas, glattgeschliffen von den Wellen. Ich starre auf seine klare Oberfläche, als sei irgendwo in ihren Reflexionsebenen eine Szene verborgen – und dann fällt mir ein, daß ich vor langer Zeit ein ähnliches Stück wie das in meiner Hand gesehen habe.

Es war bei einem festlichen Abendessen, das ein Freundespaar – er war Zimmermann, sie Lehrerin – zur Feier ihres zehnten Hochzeitstages gaben. Beim Nachtisch griff der Mann in die Tasche und zog ein weißes Schächtelchen hervor, hielt es in seiner schwieligen Hand. Stumm bot er das Geschenk seiner Frau dar, die Augen weit vor freudiger Erwartung. Im Raum trat Stille ein, als die Gäste die einfache Geste des Zimmermanns sahen, die sprechender war als Worte.

Ich wußte, daß die Schachtel ein dreieckiges Glasstück enthielt, das in einer Brosche gefaßt war, denn der Mann hatte es mir zuvor gezeigt. Wie er mir erzählte, hatten er und seine Frau es auf ihrer Hochzeitsreise bei einem Bummel über den Strand an der Irischen See gefunden. Sie hatten es immer wieder zwischen sich hin- und hergereicht und seine köstliche Schönheit bewundert, in der festen Überzeugung, es sei ein Artefakt aus der Zeit der römischen Eroberung und sei eben für sie in eben diesem Augenblick an eben diesen Strand gespült worden.

Der Zimmermann hatte das Glas eingesteckt, mit nach Hause genommen und in seiner Kommodenschublade aufbewahrt, um es seiner Frau am zehnten Hochzeitstag zu schenken. Er hatte ihr gegenüber nie etwas davon erwähnt, es aber auch nie vergessen. Nun war der Tag da, und er saß mit Freunden am Eßtisch, ein weißes Schächtelchen auf der Handfläche.

Seine Frau blickte auf die ausgestreckte Hand, nahm jedoch das Geschenk nicht; statt dessen deutete sie auf die Ledermanschette um sein geschwollenes Handgelenk, das er sich verstaucht hatte, als er neue Schränke für die Küche machte. Sich ihren Gästen zuwendend, sagte sie: »Ist es nicht erstaunlich, daß er es immer fertigbringt, sich zu verletzen, wenn er hier in unserem Haus arbeitet?« Sie versuchte ihre Worte als scherzhafte, sanft hänselnde Bemerkung hinzustellen, aber ihre Lippen waren dünn, und ihre Stimme hatte einen verächtlichen Unterton.

Der Zimmermann hatte ein wunderbares Gesicht, ein lebendiges Gesicht, doch nun ließ er den Kopf sinken, und seine Augen wurden traurig. Er schaute seine Frau an, als hätte sie einen Pfeil durch sein Herz geschossen. Langsam drehte er sich um und legte das weiße Schächtelchen auf das Fensterbrett hinter ihm, außer Reichweite seiner Frau, und forderte sie auf, sich zu entschuldigen. Er lächelte dabei, aber mir war klar, wie allen im Raum, daß ihr Spott ihn verletzt hatte.

»Warum soll ich mich entschuldigen?« fragte sie. »Muß ich mich entschuldigen, um das Geschenk zu bekommen? Ist das der Preis dafür?«

Sie war kühl, sie war logisch, sie war zivilisiert, und sie ließ ihrem Mann keine Wahl. Er lächelte immer noch, als er sich umdrehte, das Schächtelchen ergriff und es ihr noch einmal darbot. Dieses Mal nahm sie es, öffnete es, machte einiges Aufhebens darum, reichte es weiter, damit ihre Freunde die Brosche bewundern konnten.

»Ist sie nicht schön?« sagte sie. Doch sie gab durch keinerlei Zeichen zu verstehen, daß sie sich erinnerte, woher das Geschenk stammte oder was es war.

Wenn ich an diesen schrecklichen Augenblick zurückdenke, verfolgt mich am meisten das Gesicht des Zimmermanns, das trübe Lächeln, mit dem er seinen Schmerz und seine Verzweiflung verschleierte. Es war, als müsse er sich zum erstenmal die Kluft zwischen ihnen beiden eingestehen, eine Kluft, die er nicht überbrücken konnte, so sehr er es auch versuchte. Ich kenne sein Gefühl der Sinnlosigkeit nur zu gut, denn ich habe es in meinem eigenen Leben erfahren, und ich weiß, wie Tag für trostlosen Tag einem die Hoffnungslosigkeit in die Knochen kriecht, etwa so wie eine gefürchtete Krankheit, von der wir wissen, daß wir sie haben, die wir uns aber aus zu großer Angst nicht eingestehen. Eines Abends dann bieten wir ein Geschenk an, nämlich das Geschenk unserer selbst, und es wird verächtlich zurückgewiesen. Doch die unausweichliche Wahrheit offenbart sich, erschreckt uns für eine Zeitlang und macht uns eine Zeitlang blind.

Ich schaue wieder auf das Strandglas in meiner Hand und frage mich, ob ich es behalten oder wegwerfen soll. Ich entschließe mich, es einzustecken, es aufzuheben wie mein Freund, der Zimmermann, seines aufgehoben hat, denn es ist ein zu kostbares Geschenk, um dem Meer zurückgegeben zu werden.

Ich steige ein Stück den Strand hinauf zu einer Düne und lege mich hin, den Rücken an sie gelehnt. Die Sonne ist untergegangen, aber der Sand ist warm; ich grabe mich bis zu den Knien in ihn ein. Der Abendstern hängt wie eine Laterne am westlichen Himmel, so knapp über dem Horizont, daß es aussieht, als stecke er auf dem Masten eines vorüberfahrenden Schiffes. Der Vollmond steigt auf den Aquarius zu, den Wasserträger, und gießt einen Fluß aus Licht übers Meer.

Ich denke an die Altvorderen, die am Strand saßen wie ich, Nacht für Nacht den Himmel studierten und Bilder in ihn hineinmalten: Sagittarius, den Schützen, Andromeda, die angekettete Dame, Pegasus, das geflügelte Pferd, Capricornus, den Steinbock, und Orion, den mächtigen Jäger, mit einem roten Stern als Schulter und drei hellen Sternen als Gürtel. Welche Träume hatten sie, diese frühen Künstler, als sie ihre mythischen Figuren auf die Himmelstafel zeichneten?

Die Himmelskörper sind mir fremd, aber es gelingt mir besser, ihre Zeichen auszumachen, seit ich in Miramar bin. Ich schaue nach Gemini aus, den Zwillingen, meinem speziellen Platz im Tierkreis. Die unzertrennlichen Zwei, Castor und Pollux, sind irgendwo dort draußen in dieser sternenfunkelnden Nacht, und ich weiß, daß sie sich, wenn ich lange genug warte, in mein Blickfeld drehen werden. Ich fühle mich zu ihnen hingezogen, immer wenn ich sie vereint über meinen Kopf ziehen sehe, flackernde Symbole perfekter Gemeinschaft und ewiger Liebe.

Ist es zwei Menschen möglich, frage ich mich, dasselbe kleine Himmelsstück zu teilen? Ist es für mich möglich, eine Frau zu finden, die die Welt durch meine Augen sieht, genau wie ich sie durch ihre sehe? Die Kunst der alten Mythographen sagt mir, daß nicht nur ich diesen Traum habe, daß das Verlangen nach Vereinigung weit zurückreicht in der Menschengeschichte, daß es tief verwurzelt ist in der Menschenseele.

Ja, ich bin allein, und im gegenwärtigen Augenblick meines Lebens habe ich mich dafür entschieden, genau das zu sein. Es ist vielleicht nicht gerade der Idealzustand, aber mich tröstet das Wissen, daß ich nicht annähernd so einsam bin wie die schlecht verheirateten Ehemänner und Ehefrauen, die mir überall begegnen. Zwei Menschen, die zusammen sind, aber nicht zusammen sind, die auf die Welt rund um sie nicht in gleicher Weise reagieren, sind bei weitem die einsamsten Menschen von allen. Die Sonne geht auf, und die Sonne geht unter; für den einen oder die eine ist das ein unberechenbares Geheimnis, für den anderen oder die andere schlicht die Tageszeit.

Ich buddle mich tiefer in den Sand und erforsche erneut den Himmel. Nach einer Weile schließe ich die Augen. Als ich aufwache, ist die Luft frisch, und der Morgenstern steigt über den Dünen empor.

4

Die wirkliche Welt

Mein Telefon klingelt um sechs Uhr morgens, reißt mich aus tiefem Schlaf. Ich drehe mich zum Hörer hinüber und hebe ab, doch bevor ich guten Morgen sagen kann, fängt Leo zu reden an. Dieser ehemalige Kollege ist ein zuverlässiger Freund und war während meines Lebens als Freiberufler eine ständige Quelle für Aufträge. Trotzdem, jetzt möchte ich protestieren, ihm sagen, wenn es an seiner Küste neun Uhr ist, müsse es das an meiner nicht auch sein. Aber ich weiß, daß jeder Versuch sinnlos ist. Leo erkennt Zeitzonen oder sonstige Konventionen, seien es gesellschaftliche oder naturgegebene, die sich seinen Vorhaben in den Weg stellen könnten, einfach nicht an.

Er beginnt wie immer damit, daß er mich lobt. Er sagt mir, daß er einen Auftrag hat. Etwas Besonderes, was nur ich schreiben kann, behauptet er, »weil du der Beste bist«: eine Rede für den Topmanager eines großen Unternehmens, die er in Genf vor einer Gruppe erlauchter Geschäftsleute halten soll. Ich weiß, was kommt, und versuche Leo aufzuhalten, bevor er zu weit geht, aber er ist wie ein auf seinem Gleis dahinrasender Schnellzug. Er lockt mit einem ansehnlichen Honorar, dem ich in einem anderen Moment meines Lebens vielleicht nicht hätte widerstehen können, dann fügt er hinzu: »Diese Rede ist einfach, höchst einfach, besonders für dich. Der Mann weiß genau, was er sagen will. Alles, was er braucht, sind die Worte.«

»Leo«, sage ich, doch weiter komme ich nicht.

»Ich weiß, ich weiß«, entgegnet er. »Du hast ein feierliches Gelübde abgelegt, daß du nie mehr eine Rede schreiben wirst, solange du lebst. Aber die hier ist anders. Die ist einfach, und du mußt zugeben, daß das Honorar großzügig ist, sehr großzügig. Außerdem, ich brauche dich. Ich brauche dich für diesen Auftrag, und ich werde mich von dir nicht abweisen lassen.«

»Leo«, sage ich, ohne zu versuchen, meine Ungehaltenheit zu verbergen, doch er unterbricht mich wieder.

»Schau«, fährt er fort, »sag nichts. Sag jetzt nichts. Denk darüber nach. Laß dir vierundzwanzig Stunden Zeit. Ich rufe dich morgen früh an, zur selben Zeit, dann können wir die nötigen Vorkehrungen treffen, um dich in ein Flugzeug zu setzen und in die wirkliche Welt zurückzuholen.«

Es knackt im Hörer.

Ich ziehe mir etwas über und gehe los zum Strand. Morgennebel herrscht, er erfüllt die Luft mit feinem Sprühregen, der sich mir auf die Haut legt und mein Haar benetzt. Ich kann den heiseren Ruf einer Möwe irgendwo hinter den Brechern hören und das durchdringende Tuten des Nebelhorns alle zehn Sekunden, wie ein Uhrwerk, das mich zur Landspitze des Hafens zieht. Ich nehme den hinteren Weg, am Strand entlang, über den Wellenbrecher. Im Restaurant auf dem Pier setze ich mich in eine Nische am Fenster und beobachte den Himmel, der sofort heller wird, als die Sonne den Nebel wegzubrennen beginnt.

Die Kellnerin kennt meine Bestellung, ohne danach zu fragen, denn sie hat mich, wie sie sich ausdrückt, »schon tausendmal« bedient. Sie bringt mir ein großes Glas frischgepreßten Orangensaft, Waffeln und eine Tasse heißes Wasser mit einem Zitronenschnitz. Während ich die Tasse an den Mund führe, merke ich, daß meine Hand zittert, als werde mein ganzes Wesen bedroht. Ich sehe Leo deutlich vor mir, schlank und aufreizend, seinen riesigen Mahagoni-Schreibtisch umrundend. Und ich höre seine hartnäckige Stimme durch mein Gehirn schallen, mich drängen, in die wirkliche Welt zurückzukehren.

Ich spüre, wie Zorn in mir hochsteigt. Zum Rasendwerden, diese blinde Annahme von ihm, er wisse, was wirklich ist, und ich wisse es nicht. Ich spüre seine Gegenwart: Er sitzt mir gegenüber am Tisch, und ich höre mich ihm ins Gesicht sagen, was ich am Telefon zu sagen versäumte.

Die wirkliche Welt, die wirkliche Welt, wo ist sie, Leo, und wie sieht sie aus? Ist sie oben im Gebirge oder unten im Tal oder jenseits des Meeres? Ist sie städtisch oder ländlich, ein Handelsort oder eine Kunststätte? Existiert sie in der Managersuite oder auf dem Fabrikboden? Werde ich sie unterm Dach des Regenwaldes finden oder in einem Lebensmittelgeschäft? Bitte sag mir, wo ich die wirkliche Welt finden kann, Leo, ihren Längengrad, ihren Breitengrad, denn ich habe das Verlangen, dorthin zu gehen, mich dort niederzulassen, sie zu meinem Zuhause zu machen.

Und was ist mit diesem Möchtegern-Redner, der genau weiß, was er sagen will, dem aber die Worte fehlen? Was ist mit ihm, Leo? Lebt er in der wirklichen Welt, oder gibt er sich Illusionen hin? Wenn seine Welt wirklich ist, wie kommt es dann, daß ihm die Sprache fehlt? Er ist ein Mann ohne Sprache, der eine

Ansprache halten will, doch bevor er ans Podium treten, seine Brille aufsetzen und sich räuspern kann, muß er einen Ghostwriter engagieren, der ihm die Worte liefert.

Und wer ist dieser Ghostwriter, dieser Geist, Leo? Ich. Ich bin der Geist, der die Worte zu einem Einheitspreis hervorbringt – ähnlich den zahllosen auf einem Montageband rollenden Teilen. Ich knüpfe die Worte zusammen, und wenn ich fertig bin, hat der Möchtegern-Redner meine Worte, meine Gedanken, meine Gefühle, und dadurch verwandelt auch er sich in einen Geist, ob er es zugibt oder nicht.

In der wirklichen Welt, Leo, würde ich die Rede halten, und er säße zuhörend im Publikum. Oder er hätte die Rede selbst geschrieben, und ich säße zuhörend im Publikum. Oder er würde, wenn er selbst keine Worte findet, in seinem Büro bleiben und seine Firma leiten, und ich würde in meinem Strandhaus bleiben und meine Muscheln sortieren.

Aber nicht das geschieht, Leo. Sondern der Redenschreiber und der Redner wechseln in die Domäne des anderen über, jeder dringt in die Seele des anderen ein, und haben sie diese Übertretung erst einmal begangen, hören sie auf, sie selbst zu sein. Sie werden Erscheinungen, Phantome, bloße Schatten derjenigen, die sie sind.

Wo ist da die Wirklichkeit, Leo?

Die Worte fließen rasch, wie das Wasser eines angeschwollenen Flusses nach Tauwetter. Ich lehne mich zurück, überaus erleichtert, obwohl ich vor jemandem, der nicht da ist, einen imaginären Monolog gehalten habe.

Wird Leo verstehen? Wird er je verstehen? Die Frage muß ich mir stellen, doch in dem Moment, wo ich sie stelle, weiß ich, daß sie falsch ist. Nein, Leo wird nicht verstehen. Ich könnte ewig versuchen, ihm zu erklären, wie ich empfinde – er würde es nicht verstehen. Das erkenne ich jetzt, und in diesem Wissen schmilzt meine innere Spannung dahin. Die einzige Frage, die einzig zählende Frage ist, ob ich die Frage weiterhin stellen muß.

Es ist nicht meine Aufgabe im Leben, sage ich mir, Leo soweit zu bringen, daß er versteht.

Ich zahle und gehe ins Sonnenlicht hinaus, nehme den Weg, der zwischen steil ansteigendem Land und dem Meer verläuft. Neben einer Felsbank bleibe ich stehen und schaue übers Meer. Die Flut läuft auf, und die Wellen sind riesig. Ich stelle mir vor, wie sie aus den Tiefen von Canyons irgendwo hinterm Horizont aufsteigen und endlos rollen, wie sie es seit Äonen tun, bis sie ihre angestaute Energie abgeben können, indem sie sich an der Küste brechen.

Der Strand liegt einsam da, aber ich bin nicht allein. Ein purpurroter Küstenkrebs ist da, zuckelt seitwärts dahin und verschwindet in einer Spalte. Außerdem sind die zutage liegenden Felsen voller Napfschnecken und Rankenfußkrebse. In der Gezeitenzone sehe ich, eingebettet in den Schlamm, eine Ansammlung eng aneinandergepreßter Seeanemonen, die eine glitschige Matte bilden. Ich berühre versuchsweise eines dieser Blumentiere, behutsam, da zieht es seine ovale Scheibe zusammen und überspült sich dabei mit Wasser. Ich knie mich nieder und grabe mit den Händen rund um die Seeanemone herum, in der Absicht, sie herauszuheben, aber sie ist fest verwurzelt und zieht sich weiter zurück, weg von meiner Berührung, wird kleiner und sinkt tiefer in den Sand.

Jetzt bin ich ruhig, viel ruhiger als vorhin. Ich stehe unter dem Einfluß des Meeres und des reichen Lebens, das aus ihm auftaucht; eine Spezies entwickelt sich aus der anderen, und jede sucht nach ihrem natürlichen Zuhause.

Ich denke an meine frühen Vorfahren, die dem feuchten Rand des Gletschers folgten, Feuer machen lernten, nähen lernten, das Land bebauen lernten. Wie kommt es, daß manche Jäger wurden, manche Sammler, manche Fischer und manche Pflanzer? War das schlicht Anpassung? Wurden einige zu Bauern, weil es geeigneten Boden gab, oder waren sie von Geburt an Bauern, die nach fruchtbarem Boden suchten, den sie bebauen konnten? Formte der Mensch das Land, oder formte das Land, aus dem er hervorging, den Menschen? Ich vermute, letzteres, auch wenn ich keinen Beweis für das erbringen kann, was ich in jenen reflektiven Augenblicken spüre, in denen ich am Meer entlangstreife.

Mir ist, als sei ich ein Tier mit Heimkehrvermögen und würde zu dem einen Ort auf Erden hingezogen, der für mich Heimat ist. Ich habe mein ganzes Leben damit verbracht, mich auf einen bestimmten Ort zuzubewegen, einen Ort namens Miramar. Die Reise war lang und mühsam, aber ich mußte sie machen, denn jetzt weiß ich, daß ich, solange ich an einem für mich falschen Ort weilte, nicht in der wirklichen Welt war.

Ich gehe an einem Salztümpel vorüber, bei dem eine Kornweihe auf der Suche nach Beute über den Rohrkolben auf und ab schießt. Ein schwarzer Königsvogel flitzt aus einem Strauch und fängt sich Nahrung im Fliegen, schnappt unsichtbare Insekten aus der Luft. Im flachen Wasser watet ein schneeiger Silberreiher, der Fische aufspießt, und ein Gürtelfischer flattert über der glatten Wasserfläche, bevor er taucht und vorübergehend verschwindet. Weit jenseits der Brandung fliegt ein Kormoran rasch vorbei, zieht wie ein schwarzer Faden über den Himmel.

Die Vögel leben nahe beisammen; manchmal mischen sie sich untereinander, beispielsweise die flinkfüßigen Entenschnepfen, Regenpfeifer und Pfuhlschnepfen, die den Sand durchsuchen. Doch sie versuchen nie, einander zu imitieren oder zu beeinflussen; jede Art ernährt sich, fliegt und nistet auf ihre eigene, charakteristische Weise. Und das Erstaunliche daran ist, daß alle gedeihen.

Mir kommt der Gedanke, daß das Menschengeschlecht vielleicht so ist wie die Vögel – nicht etwa eine einzige Spezies, sondern eine Ordnung von Spezies, von denen jede ihren eigenen Lebensraum hat. Einige unter uns nisten in Wolkenkratzern, einige in Bauernhäusern, einige in Iglus oder Grashütten, einige in Flußschiffen und einige in Hütten am Meer. Ich habe meinen Lebensraum, Leo hat den seinen, und Probleme entstehen zwischen uns, wenn der eine oder der andere vergißt, daß wir keine Vögel der gleichen Art sind.

Weiter oben am Strand sehe ich eine Frau und einen Jungen, die einen Hund am Halsband festhalten. Als ich näher komme, erkenne ich, daß es ein schwarzer Neufundländer ist. Ein Stück weiter unten steht ein Mann bis zu den Knien im Wasser und schwenkt wild die Arme zur Brandung hin. Dabei ruft er: »Hierher, Hündchen, Hündchen! Hierher, Hündchen, Hündchen! Komm her!«

Er dreht sich um, deutet in die Brandung und schnauzt einen Mann an, der oben auf den Dünen steht: »Ist das Ihr Hund?«

Der Mann antwortet nicht.

Als ich fast bei ihm bin, wendet er sich schließlich mir zu.

»Ist das Ihr Hund?« brüllt er.

Ein glatter schwarzer Kopf taucht in den Brechern auf, schaut uns an und verschwindet wieder unter der Oberfläche.

»Wenn wir ihn da nicht herauskriegen«, ruft der Mann, »wird er ertrinken!«

»Das ist kein Hund«, sage ich.

Der Mann starrt mich an.

»Natürlich ist es ein Hund.«

»Nein«, entgegne ich, »das ist ein Seelöwe. Sie können ihn nennen, wie Sie wollen, aber ans Ufer wird er nicht kommen.«

5

Mädchen mit Krebs

Ich schlafe lange, weit in den Morgen hinein; als ich aufwache, steht die Sonne schon halb oben am Himmel. Ich trete auf meine Veranda hinaus und strecke mich, spüre dabei, wie die Behaglichkeit meines Lebens durch meine Knochen rieselt. Das Meer ist ruhig heute, so ruhig, wie der Pazifik sein kann. Nur eine leichte ablandige Brise weht, als seien Meer und Land einen vorübergehenden Waffenstillstand eingegangen.

Ich mache mich auf zum Ufer, in der Absicht, langsam zu gehen, doch mein Körper hat einen eigenen Willen, er will laufen. Nach einer Meile spüre ich, daß sich auf meiner Stirn Schweißtropfen sammeln. Ich möchte einhalten, aber das läßt mein Körper nicht zu –

er schwelgt in seiner wogenden Freiheit, will weiter, hin zu dem ewig zurückweichenden Punkt, an dem das Meer mit der Küste verschmilzt. Meine Beine ermüden, bevor mir die Luft ausgeht. Als ich einen öffentlichen Strand erreiche, verlangsame ich das Tempo.

Die Kinder sind da, spielen im Sand, planschen im Wasser, unempfindlich gegen die Kälte. Ich bleibe stehen, um sie zu beobachten, amüsiert über die Ungezwungenheit, zu der sie so natürlich finden. Plötzlich springt ein kleines Mädchen aus der Schar auf und läuft zu mir, wobei sie die ganze Zeit über schwafelt.

Sie ist nicht älter als sechs oder sieben und hat einen mit Meerwasser gefüllten Eimer in der Hand. Den hält sie mir hin, so daß ich hineinschauen kann. Sie ist überschwenglich, wie nur Kinder es sein können, und vermag sich kaum im Zaum zu halten, als sie mir, einem Fremden, ihre Geschichte erzählt.

»Ich habe einen Krebs gefunden«, sagt sie, »und der Krebs gehört mir. Er bleibt jetzt immer mein Krebs, bis er stirbt. Wenn er stirbt, suche ich einen neuen Krebs, und der gehört dann auch mir, bis er stirbt.«

Ich knie mich neben sie in den Sand und betrachte den Krebs, der aus dem Eimer zu krabbeln versucht.

»Er ist schön«, sage ich. »Aber vielleicht vermißt er sein Zuhause auf dem Meeresboden.«

»O nein«, entgegnet sie, »er gehört mir! Er ist mein Krebs, und er bleibt jetzt immer mein Krebs!«

Sie ergreift den Eimer und läuft den Strand hinunter. Ich schaue ihr nach. Sie stellt den Eimer in den Sand und gesellt sich zu ihren Spielgefährten, die in der Brandung herumtollen.

Ich setze meinen Weg fort, gehe langsam. Nach einer Weile lasse ich mich im Sand nieder, den Rücken an einen vom Meer hereingespülten Holzklotz gelehnt. Ich habe meinen Ausflug in freudiger Stimmung begonnen, jetzt aber steigt in mir eine beunruhigende, lange unterdrückte Erinnerung aus meiner Kindheit auf.

Ich spielte als Junge auf einem Sandstrand, war damals nicht älter als das Mädchen mit dem Krebs. An dem Strand war ich mit meinen Eltern und einigen ihrer Freunde, und plötzlich beschloß einer der Männer, mich rücklings auf den Boden zu drücken. Er hielt mich mühelos in dieser Stellung, eine Hand fest auf meine Brust gepreßt, während ich vergebens versuchte, mich herauszuwinden. Ich weiß noch, daß er lachte, und das taten auch die anderen Erwachsenen, als sei die Sache komisch. Erst als ich in Tränen ausbrach und schrie, gab er mich frei. Noch jetzt, ein halbes Jahrhundert später, erinnere ich mich an den Vorfall und die Art, wie mich der Mann festhielt, als habe er das uneingeschränkte Recht dazu.

Ein anderes Mal, so erinnere ich mich, setzten meine Eltern mich auf den Rücksitz des Familienwagens und sagten, wir würden zum Haus meiner Großeltern fahren. Ich glaubte ihnen, denn wir hatten diese Fahrt viele Male zusammen gemacht. Unterwegs hielten sie vor einem grauen Gebäude und führten mich ins Innere, wo mich eine Krankenschwester ohne viel Federlesens schnappte und in ein Kinderbett mit hohen Stäben steckte. Ich hatte keine Ahnung, was los war, warum ich dort war. Um mich stoßend und schreiend stand ich in dem Bett, versuchte verzweifelt, herauszukommen. Schließlich erschien ein Pfleger, schnallte mich auf eine fahrbare Bahre und schob mich in einen Operationssaal, wo mir die Mandeln herausgenommen wurden.

Diese Täuschung habe ich meiner Mutter und meinem Vater nie verziehen, obwohl beide längst tot sind. Sie entschlossen sich für den leichten Weg, den für sie leichten Weg. Ob sie wohl ebenso gefühllos mit mir verfahren wären, hätten sie mich nicht als Kind gesehen, über das sie absolute Macht besaßen, sondern als Person, als denkendes, fühlendes Wesen, das die gleichen Befürchtungen, die gleichen Ängste, das gleiche Bedürfnis nach Beruhigung hatte wie sie?

Ich frage mich jetzt, hier am Strand sitzend, ob ich deshalb so auf das Mädchen mit dem Krebs reagierte. Unter allen vom Menschen verbrochenen Übeln schreckt mich am meisten die Möglichkeit, gefangen, eingesperrt zu werden, auf der Straße geschnappt, gekidnappt, als Geisel genommen und gegen meinen Willen festgehalten zu werden. Welche Tat ist feiger, als Lebewesen mittels List oder brutaler Gewalt einzufangen und sie jahrelang, vielleicht ihr ganzes Leben hindurch, an einem feindseligen Ort einzusperren?

Einmal sah ich in einem Zoo einen Schneeleoparden – den Anblick werde ich nie vergessen. Die Organisatoren der Schau hatten eine Umgebung geschaffen, die dem Lager des Leoparden in den Felsen des Himalaja so nahe wie möglich kam. Sie hatten einen runden Käfig aufgestellt, etwa fünfundreißig Meter im Durchmesser, Steine gegen die Eisenstäbe geschichtet und damit einen Beobachtungsstand sowie einen Bau errichtet.

Am Gitter hatten sie eine Tafel befestigt, auf der das Leben des Leoparden in einem hohen Gebirge halb um die Welt beschrieben wurde. Die Besucher scharten sich um den Käfig und starrten das Tier an, sein milchiges Fell, seine hellen Flecken, seine riesigen Pfoten, und dann gingen sie weiter. Ich blieb jedoch, nachdem sie fort waren, und beobachtete den Leoparden, der in seinem Käfig herumging, unaufhörlich ging.

Mir kam der Gedanke, daß ich jenen Leuten etwas schuldete, die sich so große Mühe gegeben hatten, den Schneeleoparden »stilecht« zu zeigen, damit neugierige Menschen meiner Sorte sehen konnten, wie dieses Tier ausschaut und sich verhält. Doch als ich so da stand, spürte ich nur die Anmaßung desjenigen meiner Mitmenschen, der das Tier von dort, wo es sich entwickelte, wo es sein sollte, weggeholt und in einem Stadtzoo eingesperrt hatte.

Die bedauerliche Folge ist, daß ich, wenn ich in den Zoo gehe, gar keinen Schneeleoparden sehe. Ich sehe weder die Eleganz noch die Listigkeit, noch die geschmeidige Kraft, die er hat, wenn er meilenweit über den Gletscherschnee seiner Gebirgsheimat streift. Was ich sehe, ist ein verschlepptes Geschöpf, das bis zu seinem Ende in einer fremden Welt leben muß.

Das ist ein Lebensumstand, was wir nicht ableugnen können, auch wenn wir noch so sehr versuchen, uns einzureden, daß die Wahrheit anders aussieht. Hier gibt es keine Möglichkeit der Wahl, keinen Mittelweg, keinen Kompromiß. Besitzen wir ein anderes Geschöpf erst einmal, ändern wir für immer das ihm innewohnende Naturell.

Ich schaue über die Brecher zu der Stelle, wo der Horizont absinkt. Herrsche ich tatsächlich über die Wellen und über die Fische im Meer? Ich schaue nach oben zu den dahinjagenden Möwen. Herrsche ich über das Firmament und über die Vögel unter dem Himmel? Seit ich lebe, sagen mir alle meine Erfahrungen, daß ich die Herrschaft nicht habe – daß jeder Versuch meinerseits, Kontrolle über alle Lebewesen auszuüben, ein Sakrileg ist und zum Scheitern verurteilt ist.

Als Kinder glauben wir, daß wir einen Krebs besitzen. Als Erwachsene glauben wir, daß wir unsere Ehemänner, Ehefrauen, Söhne, Töchter besitzen. Doch das einzige Leben, das wir besitzen, wirklich besitzen, ist unser eigenes.

Als meine Kinder gehen lernten, hob ich sie oft hoch und hielt sie fest, denn ich empfand das unwiderstehliche Bedürfnis, eben dies zu tun. Manchmal wollten sie die Tröstung, die Nähe vermitteln kann. Doch gewöhnlich drehten sie sich in meinen Armen rasch um und strebten vorwärts, womit sie zu verstehen gaben, daß sie nicht gehalten werden wollten; sie wollten wieder auf den Boden gestellt werden, um weiter selbst die Welt erforschen zu können.

Nach und nach lernte ich zu unterscheiden zwischen den Umarmungen, die ihnen galten, und jenen, die mir selbst galten. Wenn ich sie gegen ihren Willen hielt, brachte ich keineswegs meine Zuneigung zu ihnen zum Ausdruck, sondern übte Macht über sie aus – unter dem Deckmantel der Liebe. Es gibt Umarmungen, die uns ersticken, und solche, die uns befreien. Meine Aufgabe als Vater bestand nicht darin, die Kinder zu besitzen, sondern darin, sie freizugeben.

Dies sage ich leichthin, als sei ich ein Mustervater gewesen, der nie versuchte, die Richtung des Lebens seiner Kinder zu bestimmen. Doch so etwas kann ich nicht behaupten. Ich wollte, daß mein ältester Sohn aufs College ging. Er lehnte störrisch ab, wurde Zimmermann und baute dann schöne Häuser sowie sich selbst ein eigenes Leben. Meine jüngste Tochter war geschickt im Umgang mit Zahlen, deshalb drängte ich sie, Buchhaltung zu lernen. Sie wurde Naturschutzbiologin. Ihre Sommer verbringt sie in einem Zelt in der High Sierra, wo sie die Verbindung zwischen Pflanzen und Vögeln untersucht.

Ich könnte für mich in Anspruch nehmen, aus Liebe gehandelt zu haben, als ich meine Kinder drängte, meine Vision ihres Schicksals zu verwirklichen. Aber heute weiß ich, daß ich nicht aus Liebe handelte; ich handelte aus einem Besitzgefühl, einem Herrschaftsgefühl heraus, das mich blendete. Ein Vater, der seine Kinder kennt, ist ein weiser Vater, und ich muß sagen, daß ich meine Kinder nicht immer kannte. Hätte ich sie klar gesehen, hätte ich mehr getan, um sie zu ermutigen, jene Männer und Frauen zu werden, zu denen sie bestimmt waren.

Ich habe vier Kinder und bin stolz auf alle, auf das, was sie trotz meiner Neigung, meine Prioritäten über die ihren zu stellen, erreicht haben. Ich bot ihnen meinen Rat an; in ihrer angeborenen Weisheit lehnten sie ihn ab. Hätten sie ihn angenommen, würde er ihr Naturell verändert haben, und das hätte zwischen uns Schranken des Grolls errichtet, die genauso unüberwindbar sind wie die Stäbe eines Käfigs.

In meinen mittleren Jahren, als ich wieder zum Junggesellen geworden war, fühlte ich mich zu einer Frau hingezogen, die viele liebenswerte Eigenschaften hatte. Ich fand die Art anziehend, wie sie auf dem Tennisplatz umhersprang, die reizende Art, wie sie sich bewegte, die lebhafte Art ihres Sprechens. Anfangs war es ein Vergnügen, mit ihr zusammenzusein. Sie sang gern, sie tanzte gern.

Aber nach einer Zeitlang fühlten sich ihre Arme um meinen Hals mehr wie ein Würgegriff als eine Umarmung an.

Sie hatte viele Beziehungen hinter sich, alle katastrophal, darunter die Ehe mit einem Mann, der sie verlassen hatte. Als wir uns kennenlernten, litt sie noch immer unter diesem Trauma. Was sie brauchte, sich mehr wünschte als irgend etwas anderes, war ein Mann, den sie ihr eigen nennen konnte, ein Ehemann, auf dessen Vorhandensein sie jeden Morgen und jeden Abend zählen konnte. Was ich in diesem Moment meines Lebens brauchte, mir mehr wünschte als irgend etwas anderes, war Zeit zum Alleinsein, Zeit zur Anpassung, Zeit, mich der Arbeit zu widmen, die ich ausführen wollte.

Sie begann mich als »mein Mann« zu bezeichnen und konnte nicht verstehen, daß ich gegen diesen Ausdruck protestierte. Eines Abends bei einem kleinen Essen in ihrer Wohnung, ging ich in die Küche und hörte sie mit ihrer engsten Freundin sprechen. Sie nannte meinen Namen und fügte dann hinzu: »Die Welt sorgt für einen.« Als sie diese Worte sagte, spürte ich die drückende Kraft ihrer Liebe und wußte, daß ich gehen mußte. Nach einiger Zeit fand sie jemand anderen, einen Mann, der für sie der richtige war, und ich fand ein kleines Haus am Meer.

Irgendwann einmal sah ich ein Motto, hübsch in Petit-point gestickt, ordentlich gerahmt und an eine auffällige Stelle der Küchenwand gehängt. Es hieß: »Wo Liebe herrscht, besteht kein Machtwille.« Es überrascht mich, daß mir diese Worte nach all den Jahren in solcher Deutlichkeit wiederkommen. Ich sehe sie vor mir, als seien sie meinem Gehirn unauslöschlich eingeprägt, und jetzt verstehe ich zum erstenmal, was sie bedeuten.

Ich glaube an Mitgefühl; ich glaube ans Teilen; ich glaube an Gefährten, Partner und Freunde, die einander auf ihrem traurigen und fröhlichen Weg durchs Leben helfen. Doch ich glaube nicht an Herrschaft, an das Recht eines Wesens, ein anderes Wesen zu besitzen, gleichgültig, welche Form dieses Besitzen annimmt.

Ich glaube, unsere uralte menschliche Sehnsucht nach politischer Freiheit wurzelt in unserem unstillbaren Verlangen, zu den vollkommenen Individuen zu werden, als die wir gedacht waren. »Ich habe am Altar Gottes ewige Feindschaft gegenüber jeder Form von Tyrannei über den Geist des Menschen geschworen«, schrieb Thomas Jefferson, und wir sind ergriffen von seinen Worten, ohne immer alles zu erkennen, was sie umfassen. Wir assoziieren seinen Schlachtruf mit unserer Aversion gegen Zaren, Diktatoren, Kaiser und Könige, die uns sagen wollen, was wir denken dürfen und wohin wir gehen können.

Oft erkennen wir nicht, daß ferne Herrscher, so despotisch sie auch sein mögen, im allgemeinen weniger Macht über unser Leben ausüben als die gewöhnlichen Menschen, mit denen wir zusammenleben und mit denen wir jeden Tag arbeiten. Letztere sind anwesend, immer anwesend, haben ihre eigenen Tagesordnungen und Ansprüche, die uns unterdrücken können, wenn wir nicht in uns selbst den Willen aufbringen, Widerstand zu leisten.

Eine hübsche Frau kommt in Sicht. Sie trägt ein weißes Polohemd, dazu Jeans-Shorts und hat ein gelbes Sweatshirt mit den Ärmeln um die Taille gebunden. Aufschreckend erkenne ich, daß sie nicht Bestandteil meiner Träumereien ist, sondern hier ist, eben jetzt, in meiner Nähe am Strand.

Der Wind hat sich gedreht, ohne daß ich es merkte. Dunst weht von der See herein. Ich erhebe mich und gehe an die Wasserkante. Die Frau kommt heran, hält inne und macht eine Bemerkung über die plötzliche Veränderung in der Luft. Wir stehen auf dem Sand, plaudern müßig, dann setzt sie ihren Weg fort. Ich schaue ihr nach, beobachte, wie ihr gelbes Shirt schwankt, und überlege, ob ich mir eine Chance habe entgehen lassen.

Das Gespräch war kurz gewesen, aber zwanglos, und ich weiß, daß ich es hätte in Gang halten können, hätte mir der Sinn danach gestanden. Ich hätte mehr über die Frau in Erfahrung bringen können. Ich hätte sie fragen können, ob sie Kaffee trinken wolle. Bei einem Ja hätten wir zusammen in ein Restaurant mit Meerblick gehen können, vor dem manchmal Gemeine Seehunde die glatte Wasseroberfläche durchbrechen und Pelikane ungeniert tauchen. Wir hätten da sitzen, uns ruhig unterhalten und einiges über einander herausfinden können, was wir mögen, was wir nicht mögen, was für ein Leben wir führen.

Ich tat jedoch nichts von alledem, und ich weiß, daß diese Vorsicht eine Seite von mir darstellt, mit der ich mich auseinandersetzen muß, wenn ich den Sand von Miramar durchkämme. Nicht Ablehnung ist es, was ich fürchte – nicht in dieser Phase meines Lebens. Hätte ich sie gefragt, ob sie mit mir Kaffee trinken wolle, hätte ich keineswegs Angst davor gehabt, daß sie ablehnen, sondern vielmehr davor, daß sie annehmen könnte, daß daraus eine Beziehung entstehen und daß sie mich an irgendeinem Punkt dieser Beziehung als ihren Gefangenen betrachten und versuchen könnte, mich zu jemandem zu machen, der ich nicht sein will.

Eine unfaire Einschätzung, das ist mir klar. Ich weiß nichts über die Frau, nicht darüber, was sie schätzt und wie sie auf das Leben reagieren würde, das ich führe. Denken könnte ich mir, daß sie genauso vorsichtig ist wie ich, und zwar aus denselben Gründen. Falls das zutrifft, schützen mich meine Ängste nicht, sondern halten mich von einer Gefährtin fern.

Ich wandere weiter am Strand entlang und versuche, die Sache aus meinen Gedanken zu verbannen. Aber es ist verwirrend – diese Vorstellung, daß ich mir vielleicht selbst im Weg stehe. In meinem Strandhaus gieße ich mir dann eine Tasse Tee ein und trage sie vorsichtig durch die Schiebetür. Ich setze mich in einen Liegestuhl auf der Veranda und denke an die Frau mit dem um die Taille gebundenen gelben Shirt. Der dichter werdende Nebel hat sie verschluckt, und ich werde nie erfahren, wer sie ist.

6

Tauziehen

Ich sitze spät am Tag auf meiner Veranda, suche mit den Augen den Strand ab und beobachte die Passanten. Eine Zeitlang blendet mich das helle Licht der Sonne, die den Himmel erglühen läßt. Als sie schließlich hinter den Horizont sinkt, sehe ich die Umrisse einer Frau, die bis zur Taille in der Brandung steht und an einem Tau zieht.

Bei ihr ist ein Mann, er steht weiter oben am Strand, im weichen, trockenen Sand. Ich höre durch das Krachen der Wellen, daß sie ihn anruft.

»Faß mit an! Wenn wir gemeinsam ziehen, können wir es herausbekommen!«

Der Mann bleibt wie angewurzelt stehen, die Arme über der Brust verschränkt.

Eine Welle ergießt sich über die Hose der Frau, bespritzt ihr Shirt, macht ihre Arme naß. Die Widersee reißt sie fast von den Füßen, aber sie läßt nicht locker. Als die Welle zurückweicht, kann ich den spitzen Winkel sehen, in dem das Tau unterm Sand verschwindet. Sie zieht am freien Ende, den Körper vor Anstrengung gespannt. Schließlich geht ihr die Kraft aus. Sie läßt das Tau fallen, watet ans Ufer und sinkt mit gebeugtem Kopf auf die Knie. Der Wind hat sich gelegt; in der Abendstille kann ich ihr Schluchzen hören.

Der Mann, der tatenlos dagestanden hat, legt ihr einen Schal um die Schultern. Nach einer Weile erhebt sie sich, und die beiden gehen langsam weg.

Der Abend senkt sich um mich, es wird dunkel. Doch das Bild der Frau, die am losen Ende des salzignassen Taus zieht, bleibt. Ich würde sie malen, wenn ich das könnte, so malen, wie ich sie in den Brechern gesehen habe – das durch ihr strähniges schwarzes Haar gewehte Sprühwasser, die an ihrem schlanken, ungebeugten Rücken klebende nasse Bluse. Ich würde ihren Kampf als heldenhaft darstellen, was er meiner Ansicht nach auch war. Ich würde ihre Verzweiflung in den Sehnen ihres Körpers, in den harten, geraden Linien ihres Gesichts und ihrer Arme zum Ausdruck bringen. Ich würde ihre Gestalt auf eine Seite des Gemäldes schieben, gegen die lange Schräge des Taus stellen, so daß sich Betrachter zwangsläufig fragen, welches unsichtbare Gegengewicht dort im Sand vergraben ist.

Ich lasse mich im Liegestuhl zurücksinken und schließe die Augen. Noch immer sehe ich die Frau deutlich; es scheint so, als könnte ich sie nicht gehen lassen. Ich verwickle sie in ein imaginäres Gespräch. Frage sie, ob sie weiß, woran sie da zieht, und sie antwortet, daß sie es nicht weiß, daß das keine Rolle spielt, ihr gleichgültig ist. Ich frage sie, warum sie weiterhin zieht, wenn es keine Rolle spielt und ihr gleichgültig ist. Sie antwortet nicht. Sie zieht weiter mit der ganzen Kraft ihres Wesens an dem im Meeresbett vergrabenen, unnachgiebigen Gegenstand.

Der Wettkampf, der sie aufrieb, reibt jetzt mich auf. Zu einem anderen Zeitpunkt meines Lebens hätte ich ihr Verhalten vielleicht als exzentrisch abgetan, aber jetzt verstehe ich den Zwang, unter dem sie stand, nur allzu gut. Ich habe das Gefühl, daß sie ein Aspekt meiner selbst ist, ein Teil der Vergangenheit, aus der ich noch nicht ganz herausgetaucht bin. Ich kenne ihre grimmige Entschlossenheit, die zwanghafte Kraft, die sie antreibt. Sie ist überzeugt, daß sie, wenn sie nur fester zieht, wenn sie jemanden zur Mithilfe bewegen kann, in der Lage ist, das Seil dem eisernen Griff zu entwinden, der es im Meeresboden festhält.

Aber sie schafft es nicht. So sehr sie sich auch anstrengt, sie schafft es nicht. Ich spüre die ins Mark gehende Verzweiflung, von der sie erfaßt wird wie von einer Riesenwelle, als sie sich schließlich eingestehen muß, daß sie es nicht schafft.

Ich gehe früh zu Bett, liege aber wach, beobachte die Mondschatten an der Wand. Jetzt bin ich müde, erschöpfter, als ich mir eingestehen will. In meiner Müdigkeit muß ich erkennen, daß ich vielleicht die feine Grenze überschritten habe, die diese Frau in den Brechern von mir trennt. Vielleicht hat sie nichts anderes gesehen als das in den Wellen treibende freie Ende eines Taus, es erfaßt und es zu befreien versucht, als sei das Ganze ein Spiel. Vielleicht war es nur das, ein Spiel. Aber wenn es nur ein Spiel war, warum dann der Hilferuf und das Schluchzen, als keine Hilfe kam?

Es ist schwer, herauszufinden, was vorging. Vielleicht war das Ereignis am Strand gespielt, nur für mich inszeniert. Aber ich weiß, was ich gesehen habe, was ich noch immer vor meinem geistigen Auge sehe, und ich deute meine dunklen Vermutungen selbst.

Dort unten liegt etwas, irgend etwas, von dem die Frau glaubt, es haben zu müssen. Vielleicht ist es das Lob eines Vaters oder die Zuneigung einer Mutter oder die Anerkennung eines Bruders. Vielleicht ist es die Berührung eines Ehemanns oder ein freundliches Wort von einem Freund oder einer Freundin. Vielleicht wacht sie in der linden Nacht auf und bittet ihren Liebsten, sie in die Arme zu nehmen – und vielleicht sagt ihr Liebster dann, er wisse nicht, wie. Also versucht sie, ihren Liebsten zu lehren, sie zu lieben, versucht Nacht für Nacht, es ihn zu lehren, aber es ist zu spät, denn ihr Liebster befindet sich jenseits des Liebens, und ihre ganze Mühe ist vergeblich.

In dem schwachen Licht sehe ich die schattenhafte Gestalt des Mannes wieder, sehe ihn geduldig dastehen, darauf warten, daß ihr privates Tauziehen endet. Er bietet ihr keine Hilfe an, er drängt sie nicht, aufzuhören. Ist er weiser als sie? Weiß er, was dort unten liegt, vergraben im Sand? Vielleicht weiß er es und hat Angst, zuzugeben, daß er es weiß, darum postiert er sich weiter oben am Strand, fern von ihr.

Ich schlafe ein und habe im Schlaf einen Traum. Es ist der Traum, der mich im Schlaf verfolgt, seit ich in Miramar lebe. Ich bin wieder ein junger Mann und arbeite bei dem New Yorker Public-Relations-Unternehmen, das ich vor zwei Jahrzehnten verlassen habe. Ich mache mich in meinem Vorort-Zuhause auf den Weg und steige in den Pendlerexpreß, um in die Stadt zu fahren, aber der Zug kommt nicht dort an. Ich brauche die Stellung dringend; ich muß eine Familie ernähren, aber der Zug kommt nicht an.

Monate verstreichen. Ich fürchte, daß meine Vorgesetzten mich entlassen werden. Eines Morgens dann trete ich ins Büro, und mein Chef sowie die Kollegen tun so, als sei ich nie weg gewesen, als hätte ich die ganze Zeit über meine Arbeit getan. Ich versuche zu arbeiten, mich auf die zu erledigende Aufgabe zu konzentrieren, schaffe es jedoch nicht. Und der Alptraum beginnt wieder von vorn. Ich ziehe mich an, steige in den Pendlerexpreß, aber der Zug kommt nicht an.

Das Tosen der Brandung reißt mich aus meinem Traum. Schweißgebadet liege ich in der Finsternis. Ich gehe hinaus auf die Veranda, lehne mich ans Geländer und beobachte den vom Meer hereinspülenden weißen Schaum.

»Was ist los mit dir?« frage ich mich. »Warum träumst du von einem Job, den du vor so langer Zeit aufgegeben hast?«

Die Frage läßt mich zusammenfahren, als hätte jemand anderer sie gestellt. Aber niemand ist mitten in dieser Nacht bei mir. Die Stimme, die ich höre, ist meine eigene, nur meine; sie beschwört Erinnerungen, die bis in die Kindheit zurückreichen.

Als ich acht war, gaben mich meine Eltern zu meinen Großeltern, bei denen ich künftig leben sollte. Als meine Großmutter krank wurde, gab man mich zu meiner Tante und meinem Onkel. Zu der Zeit war mein Vater bereits gestorben. Meine Mutter heiratete wieder, und ich kam zu ihr, um bei ihr und meinem Stiefvater zu leben. Dann starb meine Mutter, und ich wurde wieder zu meiner Tante und meinem Onkel geschickt.

Während all dieser Wanderzüge wußte ich nie genau, wohin ich gehörte. Ich war ein Kind und stellte Vermutungen an, wie ein Kind sie eben anstellt. Ich hatte das Gefühl, ein Außenseiter zu sein, ein Gast im Haus von jemand anderem. Ich wollte, daß man für mich sorgte, ich dachte, daß ich mich benehmen müsse, wie sich ein Gast benimmt. Ich mußte vermeiden, Aufmerksamkeit auf mich zu lenken. Ich mußte willfährig sein. Ich mußte den Menschen gefallen, die man zu Hütern meines Lebens ernannt hatte. Und ich war überzeugt, wenn ich ihnen nicht gefiele, würde irgendein schreckliches, namenloses Unheil aus dem Nichts auftauchen und mich niederschlagen.

Es war keineswegs so, daß meine Großmutter, mein Großvater, meine Tante und mein Onkel nicht mein Bestes wollten. Ich bin sicher, daß es ihnen am Herzen lag. Aber sie waren nicht meine Eltern, ihr Heim war nicht mein Heim, und das Leben, das ich als Junge führte, wirkte sich stark auf die Entscheidungen aus, die ich als Mann traf.

Als es an der Zeit war, selbst für mich zu sorgen, tat ich nicht, was ich tun wollte. Ich tat, was ich immer getan hatte, nämlich das, von dem ich dachte, die anderen erwarteten es von mir. Statt in mich selbst zu investieren, in den Weg, den ich beschreiten wollte, so riskant er auch sein mochte, entschied ich mich für eine Stellung, die mir ein festes Einkommen und Sicherheit garantierte. Meine Tante und mein Onkel hatten immer zur Vorsicht geraten, und mir schien, daß diese Stellung dem entsprach. Doch sie wurde zu einem Angelpunkt der Verzweiflung, eben jenem Ort, an dem der Alptraum begann.

Jetzt habe ich die nötige Selbstkenntnis, aber sie kam keineswegs auf einen Schlag. Das Wissen über mich selbst erlangte ich nach und nach, im Lauf von Jahren, und als ich es dann besaß, brachte ich auch den Willen auf, die Richtung meines Lebens zu ändern. An einem bestimmten Zeitpunkt legte ich das weiße Hemd und die Krawatte des leitenden Angestellten ab und schlüpfte in die Klamotten des Strandläufers. Aber ich weiß jetzt, daß ich mich, genau wie die Frau in den Brechern, noch immer einem gewaltigen Tauziehen hingebe.

Jetzt weiß ich, wo ich sein will – nämlich hier auf dem Sand von Miramar, wo das Leben mit jeder hereinrollenden Welle voll auf mich zubrandet. Wenn ich den Strand durchkämme, stelle ich mir gern vor, daß ich ein autonomes Wesen bin, mich durch die Welt bewege, wie ich mich bewegen möchte, frei von Lasten. Doch trotz meiner tiefsten Sehnsüchte gibt es eine Gegenkraft, die in einem geheimen, schändlichen Teil meines Wesens vergraben ist und mich zur

Anpassung, zur Konformität hinzieht. Ich versuche noch immer, die Erwartungen anderer zu erfüllen, und fürchte noch immer, wenn ich es nicht täte, würde die ganze unstabile Welt über meinem Kopf zusammenbrechen.

Und deshalb bin ich noch immer dort – zurück in der Stellung, von der ich meinte, sie hinter mir gelassen zu haben. Bei Tageslicht bin ich nicht dort, aber in nächtlicher Furcht, in meinen Träumen. Ich reise zurück in dieses fremde Land meines Schlafs und versuche mein Unrecht gutzumachen, aber der Zug kommt nie an.

Der so verbreitete, so tief verwurzelte Wunsch, anderen zu gefallen – ich frage mich, woher er rührt. Ist er die Folge dessen, was andere uns antun oder was wir uns selbst antun, indem wir die Urteile, die in unserer Kindheit und Jugend um uns wirbeln, in uns aufnehmen und zu unseren eigenen Urteilen machen? Wir sehnen uns nach dem Segen jener, die die Macht haben, ihn uns zu spenden; und wenn sie uns das vorenthalten, wonach uns verlangt, geben wir uns selbst die Schuld.

Ich kenne eine siebzigjährige Frau, die noch immer auf ein Zeichen ihrer mittlerweile fünfundneunzig Jahre alten Mutter wartet. Die Tochter ruft getreulich jede Woche an und erkundigt sich nach dem Ergehen ihrer Mutter, in der Hoffnung, dafür ein freundliches

Wort zu hören; und fast immer ist sie, wenn sie auflegt, den Tränen nahe. Aber sie versucht es weiter, endlos, Woche für Woche, und gesteht sich nie ein, daß der Fehler bei ihrer Mutter liegt, nicht bei ihr.

Ich höre mir ihre Klagen mitfühlend an, so gut ich kann. Ich beobachte, wie sie sich an ihre Kinder und ihre Freunde wendet, in dem vergeblichen Bemühen, von ihnen jene Anerkennung zu erhalten, die ihr die Mutter verweigert. Meine inbrünstige Hoffnung ist, sie werde in einer schlaflosen Nacht plötzlich begreifen, daß sie ein Leben lang Energie mit der Suche nach etwas vergeudet hat, was nur sie selbst liefern kann.

Die Armen im Geiste haben keine andere Wahl, als sich selbst zu segnen. Das gilt für meine Freundin und für mich genauso wie für alle Menschen, die sich nach nie erhaltener Anerkennung sehnen. Wir müssen uns selbst segnen; einen anderen Weg gibt es nicht. Tun wir es nicht, kann niemand sagen, wie weit wir gehen oder welche schrecklichen Taten wir begehen werden, um unseren Wert zu beweisen.

Mich verfolgt eine Geschichte, die mir eine Freundin einst erzählte. Sie ist Journalistin und sprach in einem Flüchtlingslager des Nahen Ostens mit einer Frau, die ein Baby in den Armen hielt. Stolz sagte die Mutter zu meiner Freundin, das Kind sei ein Junge, und sie hoffe, viele Söhne zu bekommen – um sie der Revolution zu schenken.

Meine Freundin sah die Frau nie wieder, aber ich kann nicht anders, als mir diese Söhne und das Martyrium vorzustellen, das sie mit der Muttermilch einsogen. Ich muß annehmen, daß sie als Heranwachsende von der Mission ihrer Mutter erfüllt und schon in frühem Alter voll darauf vorbereitet waren, ihr Leben einzig zu dem Zweck zu opfern, der Mutter zu gefallen. Sie redeten sich zweifellos ein, ihr Tod würde die Revolution voranbringen – eine Revolution, die nicht die ihre war, solange sie nicht das nötige Alter besaßen, um sie zu der ihren zu machen. Doch die Revolution war nicht der Grund, warum sie ihre Gewehre schulterten oder ihre Bomben zündeten und andere töteten, während sie sich selbst töteten. Die Revolution war die Rechtfertigung, die rationale Begründung ihrer irrationalen Taten.

Ich frage mich, was geschehen wäre, hätten sie irgendwo in ihrem Inneren den Willen aufgespürt, ihrer Mutter Widerstand entgegenzusetzen, sich nicht um die Erwartungen der Mutter zu kümmern, sondern für sich selbst zu handeln. Vielleicht besaß einer Anlagen zum Lehrer, ein anderer zum Dichter, wieder ein anderer zum Arzt und wieder ein anderer zum echten Friedenstifter. Wer kann sagen, welche Großtaten sie vollbracht hätten, wäre ihnen gestattet worden, ihr Leben so zu leben, wie sie es eigentlich hätten leben sollen?

Solange ich mich erinnern kann, zogen mich die Gemälde von Georgia O'Keeffe an, ohne daß ich wußte, warum. Ich stand oft stundenlang in Galerien und betrachtete ihre Bilder, die von großer Intensität und verblüffender Originalität waren: *New York Night, Cross by the Sea, Lake George Window, Cebolla Church, Pelvis with Moon, The White Trumpet Flower, The Lawrence Tree*. Erst jetzt, nach all den Jahren, beginne ich die Anziehungskraft dieser Gemälde auf mich zu verstehen. Sie sind Werke einer Frau, die es wagte, mit ihren eigenen Augen zu schauen.

Als ich wieder in mein Strandhaus gehe, dringen die schwachen Strahlen der Morgendämmerung zum Fenster herein; sie liefern mir genügend Licht zum Lesen. Ich suche den Bildband heraus, den ich über den ganzen Kontinent mitgenommen habe, und schlage die Seite auf, die ich so gut kenne. Sie zeigt ein Pastell von einer einzigen dunklen Avocado auf einem weißen Tuch. Doch nicht das Gemälde der prächtigen Birne suche ich, sondern die Worte der Künstlerin zu dem Bild.

»Ich hole mein Werk hervor«, schreibt O'Keeffe, »und stelle es für mich persönlich aus, bevor ich es öffentlich zeige. Ich bilde mir mein eigenes Urteil darüber – wie gut oder schlecht oder mittelmäßig es ist. Danach können die Kritiker schreiben, was sie wollen. Ich habe für mich bereits entschieden, darum fliegen

Schmeichelei und Kritik zum gleichen Fenster hinaus, und ich bin völlig frei.«

Die Direktheit ihrer Worte berührt mich tief. Was O'Keeffe schreibt und was sie malt – es ist ein und dasselbe. Ein Mensch, der die Kritik anderer fürchtet, unterscheidet sich nicht von dem Menschen, der das Lob anderer sucht. Beide sind Schattengestalten, die in der Landschaft verschwinden, weil ihnen der Wille fehlt, für sich selbst zu handeln.

Ich muß darüber nachdenken, was der Welt verlorengegangen wäre, hätte O'Keeffe anders empfunden. Was wäre geschehen, hätte die Künstlerin in ihr den Stimmen der Vergangenheit nachgegeben – den wissenden Stimmen, die es gegeben haben muß –, die ihr zu sagen versuchten, mit welchen Farben und Formen man den Lebensunterhalt bestreiten konnte und welche zu meiden waren? Hätte sie darauf gehört, wäre sie in ihrem Inneren gestorben, im Geist, nicht im Fleisch, und hätte kein bleibendes Vermächtnis von ihrem Gang durch diese Welt hinterlassen.

Ich bin Menschen wie O'Keeffe ewig zu Dank verpflichtet. Mein Streben geht dahin, so zu sein wie sie. Jetzt, in den Nachwirkungen meines Alptraums, habe ich das Gefühl, dem Augenblick des Erwachens näher zu sein als je zuvor. Es gibt nur eine einzige Person, die mein Leben verehrungswürdig machen kann. Diese Macht liegt in mir, in mir allein.

Das Morgenlicht ist über die Gipfel des Küstengebirges gestiegen und erfüllt den Himmel. Ich verlasse mein Strandhaus, steige die wackeligen Stufen meiner Veranda hinunter und steure auf die Wasserkante zu. Gedankenverloren gehe ich, wie durch Zwang, genau zu der Stelle, wo ich die Frau am Abend vorher in den Brechern beobachtete. Das lose Ende des Taus ist noch da; ich sehe es in der Brandung, frei schwimmend. Es ist eine Versuchung, wie es dort in den Wellen umhergespült wird. Ich habe das Gefühl, hineinwaten, es ergreifen und mit einem Ruck herausziehen zu können. Aber ich gehe vorbei.

7

Stein mit einem Loch in der Mitte

Weit unten am Strand sehe ich eine nach vorn gebeugte Frau, ihr Kopf berührt fast ihre Zehen, und die Strähnen ihres vom Wind zerzausten Haars verschmelzen mit dem Sand. Sie trägt Jeans und ein ärmelloses weißes T-Shirt. Als ich näher komme, schaut sie auf und lächelt.

»Was suchen Sie?« frage ich.

»Steine mit Löchern darin«, erklärt sie. »Ich habe zu Hause ein ganzes Regal voll. Ein Stein mit einem Loch in der Mitte wehrt böse Geister ab.«

»Und wie kommen Sie mit bösen Geistern zurecht?«

»In letzter Zeit – nicht so gut«, antwortet sie.

Ich lache, und sie lacht auch, doch in ihrem Lachen klingt ein ernster Unterton mit. Für sie ist das hier weit mehr als bloßer Zeitvertreib, als eine kurze Zerstreuung am Strand. Sie glaubt an Steine mit einem Loch in der Mitte. Täte sie es nicht, warum sollte sie ihnen dann in ihrem Heim ein ganzes Regal überlassen?

Ich setze meinen Weg fort, denke über das nach, was sie gesagt hat und was es für mich bedeutet. Auch ich habe meine bösen Geister. Nachts dringen sie in meine Träume ein; morgens drücken sie mich nieder.

Mich plagen Geldsorgen. Meine Mittel schwinden. Ich mache mir nicht mehr die Mühe, mein Konto auszugleichen. Jeden Tag erwarte ich die Nachricht von meiner Bank, man habe mein Konto gesperrt, weil es zu sehr überzogen ist. Angenommen, ich werde krank? Ich habe keine Krankenversicherung, keine bezahlten Krankheitstage, keine Rente, keine jener Unterstützungen, die Arbeitnehmer beanspruchen können. Wer wird sich um mich kümmern?

Ich bin allein, völlig allein auf diesem Strandstreifen. Ich möchte ein Mittel gegen meine Einsamkeit, ein Placebo, das ich schlucken kann, einen Talisman, den ich halten kann, um meine Ängste zu verjagen. Mein Blick fällt auf einen mit Löchern durchsiebten Stein, der halb im Sand vergraben ist. Ich hebe ihn auf – aber schon während ich ihn auf meiner Handfläche herumdrehe, weiß ich, daß er zu klein ist, um den jeden Tag stärker werdenden Schmerz in meinem Herzen zu bannen. Ich brauche einen riesigen Stein, einen Stein mit einem Loch, das groß genug ist, um mich ganz zu umschließen, mit Leib und Seele.

Ein Stück weiter stoße ich auf einen Felsen mit einer höhlenartigen Öffnung in der Mitte, herausgewaschen von den ständig anbrandenden Wellen. Der Felsen ist gut zweimal so groß wie ich. Er hockt am Rand des Strandes neben einer Klippe, die steil aus dem Meer aufragt. Ich krieche in die Höhlung und setze mich auf ein hartes, vorspringendes Felsband, beobachte die Brecher, wie sie an die küstennahen Riffe krachen und Gischtfahnen in die Luft treiben.

Ich sitze still, so gut ich kann, den Rücken gerade; vergebens bemühe ich mich, meinen Geist leer zu machen. Ich möchte den Rhythmus der Wellen spüren, das Ansteigen der Flut, das Abebben der Tide. Ich möchte mich im Einklang mit den Elementen bewegen, um ein Teil von ihnen zu werden, wie sie einer von mir werden.

Ich versuche, meinen Atem auf das Anbranden der Wellen abzustimmen, einzuatmen, während die Welle an den Strand rollt, auszuatmen, während sie wieder abfließt. Ich konzentriere mich auf meinen Atem, weil der Atem die Quelle des Lebens ist. Wenn ich mir meines Atems bewußt bin, dann bin ich mir meiner selbst und meines Platzes in der Welt bewußt.

Ich habe ein Mantra, das einwandfrei meines ist: ein hohes *Wiiinnnd*, das durch die Takelage meines Geistes läuft. Ich sage *Wiiinnnd*, während ich einatme, und *Wiiinnnd*, während ich ausatme, danach beginne ich wieder von vorn, in dem Versuch, meine Aufmerksamkeit auf meinen Atem, den Wind und die Wellen zu konzentrieren. Wenn ich während der Intonierung meines Mantras zehnmal ein- und ausatmen kann, so sage ich mir, werde ich die bösen Geister vertrieben haben.

Das mutet einfach an. Ich muß mich nur während zehn ganzer Zyklen auf meine Atmung konzentrieren und an meinem einsilbigen Mantra festhalten, das Wort beim Atmen in die Länge ziehen. Doch so sehr ich es auch versuche, ich schaffe es nicht, meinem Unbehagen Herr zu werden. Mein Timing ist außer Kontrolle; ich bin nicht mehr im Einklang mit dem Rhythmus der Welt. Lange bevor ich den Zyklus vollenden kann, verliere ich beim Zählen die Spur, und die bösen Geister eilen wieder herbei, um die Leere zu füllen.

Es ist das Geld, die Unsicherheit, die Einsamkeit, es sind alle die gesammelten Dämonen meines Lebens, die durch meine Nächte spuken und durch meine Tage. Wie töricht, zu glauben, daß ich in dem Felsenjoch sitzen und sie vertreiben kann. Ich bin kein östlicher Mystiker; ich bin durch Geburt und persönliche Wahl ein Westler, und meine Rettung liegt in westlichen Methoden.

Ich möchte aufstehen und meinen Weg weitergehen, aber irgendeine innere Stimme hält mich hier fest. Obwohl ich den Versuch aufgegeben habe, meinen Atem einem Maß unterzuordnen, bleibe ich in diesem Steinoval, als sei ich angewachsen, und lausche den Geräuschen des Meeres. Ich gestatte meinem Geist, sich mit Gedanken zu füllen, weil er genau das tun will. Das Universum ist voller Philosophien, und ich bin offen für alle, die meines Wegs kommen.

Natürlich bin ich nicht immun gegen Seitenwinde, die über die Berge und Ebenen des Planeten wehen, meine Gedanken zu anderen Menschen und deren Gedanken zu mir tragen. Diese Winde haben keinen Respekt vor Landesgrenzen und können von Grenzposten nicht aufgehalten werden. Despoten und Demagogen versuchen vielleicht, den von ihnen gefürchteten Ideenstrom zu stoppen, aber es gibt keine Barrikade, die hoch oder breit genug wäre, um die Brise abzublocken.

Die Weisheit des Zenmeisters und Dichters Thich Nhat Hanh erreichte mich einst mittels eines solchen Windes, und ich verstaute sie in einem hinteren Winkel meines Geistes. Ich glaube, daß wir aus vergrabenen Erinnerungen hervorholen, was wir zu einem bestimmten Zeitpunkt wissen müssen, und das geschieht jetzt bei mir. Worte aus seinem Buch *The Miracle of Mindfulness*, »Das Wunder der Aufmerksamkeit«, steigen empor, scheinbar aus dem Nichts, als hätte ich sie genau für diesen Moment meines Lebens aufgehoben.

»Die Menschen halten das Gehen auf dem Wasser oder in dünner Luft gewöhnlich für ein Wunder«, schrieb Nhat Hanh. »Aber ich glaube, das wirkliche Wunder besteht nicht darin, auf Wasser oder in dünner Luft zu gehen, sondern darin, auf Erden zu gehen.«

Dem Gläubigen erscheinen diese Worte vielleicht als respektlos oder gar entheiligend, doch ich glaube, daß sie überall die tiefsten spirituellen Impulse von Männern und Frauen ansprechen. Wenn ich an Heilige, Propheten und Poeten denke, wenn ich mir vorzustellen versuche, wie sie sind und wie sie sich durch die Welt bewegen, sehe ich sie als Persönlichkeiten, die mit einem Bewußtsein, das sie vom gewöhnlichen Menschen unterscheidet, auf Erden wandeln.

Gandhi war so, desgleichen Tolstoi, ebenso Thoreau. Der heilige Franziskus war so, auch der heilige Johannes. Jesus war zweifelsohne so, denn wir bewerten seinen Weg durch Galiläa nicht nach der Entfernung, die er zurücklegte – die übrigens nicht groß war –, sondern nach der Intensität dessen, was er tat und sagte, während er durch das Land ging.

Ich weiß nicht, warum diese Menschen so geworden sind. Vielleicht hielten sie im Tumult des Lebens oft genug inne, um einer Stimme in ihrem Inneren zu lauschen, die ihnen sagte, was sie tun und wohin sie gehen sollten. Sie unterdrückten diese Stimme nicht, erstickten sie nicht, drängten sie nicht zurück; sie achteten auf sie, gehorchten ihr, befolgten ihre Gebote – und weil sie dies taten, gewann die Stimme an Stärke und Einfluß, bis sie schließlich das wichtigste Geräusch war, das sie hörten.

Nicht alle Menschen sind dazu geboren, Heilige zu werden, aber ich glaube, daß wir alle mit dieser inneren Stimme geboren werden. Wir ignorieren sie jedoch gewöhnlich, bis sie so undeutlich wird, daß wir kaum mehr von ihrem Vorhandensein wissen. Die Stimme kommt nicht von einem allmächtigen Gott im Himmel; sie kommt von einem der Seele innewohnenden Gott. Der Dichterphilosoph Henri Bergson, Autor von *Denken und schöpferisches Werden*, bezeichnete sie als *élan vital*, als Lebensimpuls, den göttlichen Funken, die Lebenskraft, die uns antreibt.

Ich finde in den Werken von Bergson und Nhat Hanh eine gemeinsame Begegnungsebene, einen Punkt, an dem Osten und Westen vereint sind. Wenn wir bedachtsam auf Erden wandeln, sind wir uns unser selbst voll bewußt, und wenn wir dies sind, beginnen wir auf der Evolutionsleiter emporzusteigen und gelangen in höhere Seinszustände, wie wir sie noch nie zuvor erfahren haben.

Es ist eine äußerst wichtige Angelegenheit, dieses bedachtsame Wandeln auf Erden, denn darin liegt wahrscheinlich unsere einzige Hoffnung, unsere einzige Chance, die Menschheit aus dem Morast von Feindseligkeit und Blutvergießen herauszuholen, in dem sie derzeit zu versinken droht. Wir sind mit nichts Geringerem befaßt als mit der Lenkung unseres eigenen evolutionären Schicksals, mit dem Aufstieg auf eine Bewußtseinsebene, wo die Selbstverstümmelung keine Lebensweise mehr ist. Das klingt vielleicht nach einem Wunder, und es ist auch eines; aber es ist ein Wunder, das wir durch bewußtes Bemühen vollbringen können, jeder Mann, jede Frau für sich.

Ich beginne bei mir selbst: Das ist der Ausgangspunkt. Es liegt in meiner Macht, den Lauf der Geschichte zu beeinflussen. Ob ich allein handle oder nicht, spielt keine Rolle. Wichtig ist nur, daß ich handle. Wenn zwei handeln, um so besser. Wenn hundert oder tausend oder eine Million handeln, noch weit besser. Unsere getrennten Taten werden mit der Zeit zu einer kollektiven Anpassung, und wir werden eine geistig gesündere, vernünftigere Spezies, als wir jetzt sind.

Doch das ist im gegenwärtigen Augenblick meines Lebens nicht meine vordringlichste Motivation. Ich versuche keineswegs, die Welt zu retten; ich versuche, meine bösen Geister zu vertreiben. Vielleicht sind diese beiden Ziele weniger weit voneinander entfernt, als es scheint. Vielleicht sind das Persönliche und das Politische, das Private und das Öffentliche Spiegelbilder voneinander. Wenn die Dämonen verschwinden, verschwindet auch die Zerstörung.

Wo beginnen – darüber muß ich jetzt nachdenken. Der Stein, auf dem ich sitze, ist feucht und kalt, und ich bin auch feucht, und mir ist kalt. Doch wenn ich jetzt gehe, werde ist sofort wieder von den gleichen alten Furien angegriffen, das weiß ich. Sie sind dort draußen und warten wie schwärmende Stechmücken und Brennesseln. Eine eiserne Rüstung würde mich schützen, aber auch erdrücken.

Ich habe oft sagen hören, Entfremdung sei der Fluch der modernen Welt, aber nach meiner Meinung ist sie der Fluch der Menschheit und ihres sucherischen Geistes, und das schon seit der Zeit von Adam und Eva. Unsere Ahnen bissen tief in den Apfel des Wissens, womit die Entfremdung begann. Statt das Paradies zu akzeptieren, wie es uns gegeben wurde, untersuchten wir es Atom für Atom, wir bauten Städte aus Beton und Autos aus Stahl, und wir beraubten die Erde ihrer fossilen Brennstoffe. Ich leugne nicht, daß wir durch unsere Industrie in vieler Hinsicht Vorteile hatten. Doch wo ist das Paradies? Wo ist die Sphärenmusik?

Kein Tier ist so von seinem Lebensraum getrennt wie wir. Wenn wir dem Land entfremdet sind, auf dem wir leben, dann sind wir dem Leben entfremdet, das wir führen, und liegen mit uns selbst im Kampf. Und die übers Land verstreuten Körper sind gar keine Körper. Sie sind lebende Tote, diese hohlen Menschen mit Augen, die nicht sehen, und mit Ohren, die nicht hören.

Ich bin überrascht über mich selbst. Da trat ich in diesen Felsen mit einem Loch in der Mitte, um mich zu beruhigen. Statt dessen habe ich mich nun in eine leidenschaftliche Erregung hineingesteigert. Vielleicht muß das so sein. Wer sagt, daß einem Meditation Heiterkeit bringt? Vielleicht dient sie dem Zweck, den Schlaf abzuschütteln, das Blut in Wallung zu bringen, den Geist wachzurütteln. Jetzt ist es Mittag, doch ich bin wacher als beim Aufstehen in der Morgendämmerung.

Ich höre Stimmen, die lachenden Stimmen spielender Kinder. Ich verlasse den Felsen und sehe, daß ich dieses Strandstück mit einer picknickenden Familie teile. Die Erwachsenen haben sich um einen Grill geschart; ich kann die rauchenden Kohlen und das bratende Fleisch riechen. Die Kinder laufen zum Wasser hinunter und wieder herauf, stolpern und fallen übereinander.

Der Szene wohnt etwas Wahrhaftes, Universelles inne. Warum strömen die Menschen überall auf der Welt an sandige Küsten? Ich glaube, weil in dem Augenblick, wo sie den Sand berühren und die Brandung hören, alle bösen Geister fliehen und sie sich auf der Welt zu Hause fühlen.

Ich gehe langsam, bedächtig über den Sand, in dem Bewußtsein, daß das Universum kein feindseliger Ort ist. »Trinke deinen Tee langsam«, schrieb Nhat Hanh. »In unserer Welt herrscht große Eile beim Erledigen der Dinge, aber keine Ehrfurcht vor der Arbeit selbst.« Was ich jetzt brauche, ist ein Eintauchen ins Leben: Ich muß meine Ehrfurcht vor dem gegenwärtigen Augenblick ausdrücken, jenem Augenblick, in dem ich mich befinde, und vor der Beschäftigung als Strandläufer, der ich mich widmen will.

Ich folge der Flutlinie auf dem Strand, betrachte prüfend jede Muschel, jedes Muschelstück, bis ich es in dem glänzenden Sand deutlich sehe. Ich bücke mich und hebe ein ans Ufer gespültes Bruchstück auf. Es ist das Skelett eines purpurfarbenen Seeigels, auf dessen Oberfläche Perlkügelchen in Reihen angeordnet sind. Ich schließe die Augen, hebe die Schale an meine Ohren, an meine Nase. Ich fahre mit der Hand über die winzigen Kügelchen, empfange ihre Botschaft durch meine Fingerspitzen wie ein Blinder, der die Brailleschrift liest.

8

Die Bewegungen der Welt

Ich starte meinen Lieferwagen und fahre die kurvenreiche Küstenstraße entlang, das Meer liegt zu meiner Rechten. Mein Fahrzeug ist alt und klapprig, es keucht und bockt wie ein Maultier, wenn es einen Hügel hinauf muß.

Im Rückspiegel sehe ich einen jungen Mann am Steuer seines roten Sportcoupés; neben sich hat er eine Frau und auf dem Dach ein Surfbrett. Er will überholen, aber auf der schmalen Straße ist wenig Platz dafür, und ich kann nichts machen. Er schert über den doppelten gelben Strich aus, hupt wild, macht im Vorbeirasen eine obszöne Geste und nimmt fast meinen vorderen Kotflügel mit, als er wieder einschert. Dieses Manöver setzt mir ziemlich zu.

Etwa eine Meile weiter biege ich in eine Seitenstraße ein und parke auf dem grasbewachsenen Bankett, von dem man ein Naturschutzgebiet mit Salzsümpfen überblickt. Ich bleibe eine ganze Weile sitzen, sammle mich, betrachte den Eukalyptuswald in der Ferne und den Küstenarm, die Brackwasserteiche und Schlammtümpel. Als ich mich beruhigt habe, schlinge ich den Riemen meines Feldstechers um den Hals und betrete dieses stille Habitat, diesen Zufluchtsort für Wild aller Art, mich eingeschlossen.

An einem hölzernen Steg, der einen schmalen Wasserlauf überbrückt, bleibe ich stehen und lausche dem Summen eines im Röhricht versteckten Sumpfzaunkönigs. Ein schneeiger Silberreiher watet im seichten Wasser und spießt mit seinem scharfen schwarzen Schnabel Beute auf. Uferschwalben drehen und wenden sich in ihrem wunderbaren Flug über meinem Kopf, fangen in der Luft Insekten. Zimtfarbige Krickenten schwimmen von dem schlammigen Uferdamm weg – und weit draußen hockt eine Gabelweihe mit dunklen Schultern still auf einem Pfosten und wartet.

Alle diese Tierarten und viele andere mehr leben auf dieser einen fruchtbaren Oase, ohne einander in die Quere zu kommen. Jawohl, der Reiher ernährt sich von Fröschen und Fischen, die Schwalben vertilgen Mücken, und die Gabelweihe tötet Schlangen und Nagetiere, wann immer sie kann. Manchmal stößt ein

Wanderfalke herab und schnappt eine Ente vom Himmel weg. Doch das sind keine Akte der Grausamkeit; sie sind nötig für das Überleben in einer natürlichen Welt. Grausam ist die unnatürliche Art, in der wir Menschen miteinander umgehen.

Ich denke wieder an den jungen Mann in dem roten Sportcoupé, an seine beleidigende Geste und seinen wütenden Versuch, mich von der Straße zu drängen. Ich denke auch an die junge Frau neben ihm, die über seine Rücksichtslosigkeit lacht, als sei diese eine Tugend, ein Lachen, das ihn anspornt. Jedesmal, wenn sie lacht, drückt sein Fuß noch stärker aufs Gaspedal, sein Coupé schießt vorwärts, schließt zu dem vorausfahrenden Wagen auf, und den muß er überholen, denn tut er das nicht, könnte die Frau neben ihm sich fragen, ob er wirklich der Mann ist, als der er in ihren Augen erscheinen will.

Ich frage mich, ob er weiß, worauf er zusteuert oder wie oder warum: Dieser junge Mann rast seinem Grab entgegen. Er ist absolut sicher, nach Süden zu fahren, vorbei an Artischockenfarmen, vorbei an Feldern mit Schafen, die auf diesen dürren Hängen über dem Meer grasen. Er ist absolut sicher, der Mittelpunkt des Universums zu sein, alles unter Kontrolle zu haben, was er überblickt, während er in Wirklichkeit nicht mehr als ein Fliegendreck auf einem durch den Himmel wirbelnden Planeten ist.

In meiner Jugend las ich ein Gedicht mit dem Titel »Dieser begriffsstutzige und ptolemäische Mann« von John Peal Bishop, und das kommt mir jetzt wieder in den Sinn. In dem Gedicht schildert Bishop einen Farmer, der genügend Geld spart, um sich einen klapprigen Ford kaufen zu können, und der dann »Bewegung unter seinen Fersen emporschießen« fühlt, während er wie besessen die Straße entlangfährt:

Im Morgenlicht verblassen Sterne.
Er kurvt und weicht den andren Autos aus,
Schwenkt mit der Straße, nimmt nicht wahr,
Daß jede Kurve ihn nach Osten bringt,

Noch daß die alten Glieder es ihm schüttelt
Durch sämtliche Bewegungen der Welt
Und wie an Farmen, Schobern, Bäumen er vorbei
Wild seinem Untergang entgegenrast – Herkules.

Nachdem ich das Gedicht gelesen hatte, hallte mir die Zeile »daß jede Kurve ihn nach Osten bringt« durch den Kopf, ein Rätsel. Warum fährt der Farmer ostwärts? Endlich dann dämmerte mir die Antwort. Er fährt ostwärts, weil sich die Erde ostwärts dreht; er ist ein Reisender auf dem sich drehenden Planeten, auch wenn er in seinem neugekauften Auto zu selbstversunken ist, um zu spüren, daß es ihn »durch sämtliche Bewegungen der Welt schüttelt«.

Das Gedicht verwirrt mich wegen des Titels, der Art, wie der Dichter »begriffsstutzig« und »ptolemäisch« nebeneinanderstellt, um das egozentrische Naturell des Mannes zu beschreiben. Ptolemäus, der alte Astronom, war der Meinung, daß die Erde ein bewegungsloser Körper sei und Sonne, Mond sowie die Planeten sie mit unterschiedlichen Geschwindigkeiten umkreisten. Diese Auffassung verankerte sich für mehr als tausend Jahre im Geist der Menschen – bis ein klügerer Astronom namens Kopernikus erschien. Kopernikus sagte, die Erde bewege sich, drehe sich um ihre eigene Achse und umkreise die Sonne zusammen mit den anderen Planeten. Er argumentierte, weil der Mensch sich mit der Erde bewege, könne er die Bewegung nicht spüren.

Kopernikus jedoch spürte sie – ich muß einfach glauben, daß er das tat. Ich glaube, er wußte, daß er ein Passagier auf unserem Planeten war, daß er mit der Erde durch den Himmel reiste, lange bevor seine Berechnungen bewiesen, daß er recht und Ptolemäus unrecht hatte. Ich bin überzeugt, daß Wissenschaftler wie Kopernikus die Maler und die Komponisten der Sphären sind. Gleich allen Künstlern beginnen sie mit ihren Ahnungen, Mutmaßungen und Spekulationen – die aus dem erwachsen, was sie spüren –, und dann schaffen sie das Gemälde und die Musik, damit wir übrigen sehen und hören können.

Galileo, der durch seine Teleskope schaute, konstruierte ein noch detaillierteres Bild des Universums als Kopernikus, und damit erregte er den Zorn der religiösen Eiferer seiner Tage. Sie zwangen ihn, seine Theorien zu widerrufen, und inhaftierten ihn in seinem eigenen Haus, unter Todesqualen, bis er starb. Für mich ist es eine Ironie des Schicksals, daß Galileo, der die Bewegungen der Welt so gut kannte, in seinen Reisen eingeschränkt war, während die begriffsstutzigen und ptolemäischen Kirchenmänner der Inquisition frei auf den Straßen umhergingen, ohne zu erkennen, daß sie »auf den Untergang« zuliefen, »den Herkules«.

Vier Jahrhunderte sind gekommen und gegangen, seit das Heilige Offizium Galileo vor Gericht stellte, weil er sagte, daß sich die Erde bewegt. Ich muß mich jedoch fragen, was die Glaubenseiferer der Inquisition von den Fanatikern unterscheidet, die heute mit ihren Turbolader-Autos auf der Küstenstraße fahren. Ihr Stil mag anders sein, aber ihre Sicht der Dinge ist die gleiche. Sie wissen nichts vom Bewegungsablauf der Erde, nichts davon, wie sie sich dreht. Sie halten an ihrer Vorstellung fest, daß die Welt nur für sie existiert, und sie sind jederzeit bereit, jeden zu überfahren, der sich ihnen in den Weg stellt.

Ich bin einer Überzeugung – die ich nicht beweisen kann, aber an deren Richtigkeit ich glaube. Ich bin überzeugt, daß es in mir eine Uhr gibt, eine lebende Uhr, die Schritt hält mit dem Pulsschlag der Welt. Ich höre das langsame Ticktack des Planeten, wenn ich in einem Salzsumpf stehe oder über den Sand von Miramar wandere, und es geht mir sofort verloren, wenn ich mich hinter ein Lenkrad setze. In dem Moment, wo ich die Geschwindigkeit überschreite, für die ich geboren bin, verliere ich das Tempo der Natur und gleiche einem Sänger, der den Rhythmus seines Liedes verloren hat.

Was uns die Wissenschaft bringt, nimmt uns der Verbrennungsmotor weg. Erstere sagt uns, wie das Universum aussieht; letzterer macht uns empfindungslos für das, was wir sehen. Je schneller wir reisen, desto weniger wissen und erfahren wir. Es ist, als sei die Geschwindigkeit selbst eine Infektionskrankheit und nicht nur tödlich für die verstümmelten Körper, die am Straßenrand liegen, sondern auch wegen der undurchdringlichen Barriere, die sie zwischen uns und der Welt errichtet.

Meine Gedankengänge werden von einem kleinen Vogel unterbrochen, der hartnäckig unter dem Steg hin und her paddelt, auf dem ich stehe. Er schwimmt halb untergetaucht, und ich folge ihm von einer Seite auf die andere, lehne mich über das Holzgeländer, um besser zu sehen. Obwohl ich schon viele Male wartend und beobachtend an genau diesem Ort stand, erinnere mich nicht, diese bestimmte Spezies je gesehen zu haben. Ich registriere den schwarzen Ring um seinen dicken Schnabel, eine Art Erkennungszeichen. Mir fällt ein, daß ich in meinem Gebietsführer einen Vogel mit diesem Merkmal gesehen habe.

Ein Stück weiter hinten auf dem Weg erscheint ein Mann aus den Binsen und dem wildwachsenden Getreide. Er hat dichtes weißes Haar und ein so braungebranntes Gesicht, daß man meint, er müsse vom Tag seiner Geburt an in der Sonne gewesen sein. Er bewegt sich rasch, zielstrebig, und hat ein Sichtgerät auf einem Dreibein an einem Riemen über der Schulter hängen. Auf meiner Höhe bleibt er stehen und beobachtet den entenähnlichen Vogel, der plötzlich taucht und gute fünfzehn Meter entfernt wieder aus dem Wasser pfluppt wie ein Korken.

»Ein Lappentaucher?« frage ich.

»Ja«, sagt der Mann mit der Sicherheit dessen, der Bescheid weiß.

Ich frage ihn, ob er irgend etwas anderes Interessantes gesehen hat, und er rasselt etwa zwanzig Spezies herunter; bei einigen davon habe ich nicht einmal gewußt, daß es sie in dem Sumpfland gibt, und die Namen mehrerer anderer habe ich noch nie gehört. Er erzählt, daß er seit der Morgendämmerung auf Achse ist, vom Meer zur Bucht fährt, vom Hafen zum Redwoodwald, vom Creek zum Wasserreservoir, und daß er bis jetzt 136 Spezies gesehen hat. Einen Ort müsse er noch aufsuchen, erklärt er, eine Flußbucht gute dreißig Kilometer die Küste hinab, wo er hoffe, mindestens fünfzehn weitere Spezies aufzuspüren, womit seine Vogelzählung an diesem Tag auf mehr als 150 anwachse.

Ich schaue ihm nach, während er davoneilt, und frage mich, ob er wohl rechtzeitig zu der Flußbucht kommt, um sein Ziel zu erreichen, denn er wird bald kein Tageslicht mehr haben. Hundertfünfzig verschiedene Vögel! Ich überlege, ob es möglich ist, an einem einzigen Tag so viele Spezies zu sehen, wirklich zu sehen.

Ich wende mich wieder dem Lappentaucher zu, beobachte ihn zehn, fünfzehn, zwanzig Minuten lang. Als ich das Gefühl habe, ihn gut zu kennen, verlasse ich den Sumpf und steige eine sandige Böschung hinauf, auf der ich ankomme, als der untere Sonnenrand die ununterbrochene Linie des Meeres berührt.

Ich schaue zu, wie die Sonne hinter dem Horizont verschwindet. Sie sinkt rasch, und plötzlich weiß ich, daß ich genauso begriffsstutzig und ptolemäisch war wie der Farmer in seinem klapprigen Ford. Zum erstenmal im Leben bin ich mir voll der Geschwindigkeit bewußt, mit der ich durch die Luft reise. Die Sonne geht nicht unter; die Erde dreht sich weg. Binnen weniger Minuten hat sie sich ostwärts geneigt, über eine Strecke, die dem Durchmesser der Sonne entspricht. Und ich bewege mich ostwärts mit ihr, gehe ostwärts durch die Nacht, ostwärts durch den Tag.

Mir kommt der Gedanke, daß ein Sonnenuntergang vielleicht dem Zweck dient, eine Selbsttäuschung wegzufegen. Ich habe kein Gefühl der Bewegung, wenn die Sonne über mir steht, am Himmel hängt. Zur Mittagszeit scheinen Erde und Sonne absolut stillzustehen. Sogar wenn die Sonne abwärts gleitet, habe ich das Gefühl, auf einem stationären Planeten zu stehen. Aber wenn ich sehe, wie der Horizont hochsteigt und die Sonne verschlingt, erkenne ich, daß ich mich habe täuschen lassen.

Es ist dunkel, als ich bei meinem Strandhaus eintreffe. Ich ziehe eine Matratze auf die Veranda und lege mich auf den Rücken, beobachte den Mond. Schon seit meiner Ankunft in Miramar beobachte ich ihn sorgfältig und versuche sein Rätsel zu lösen. Wir haben Astronauten auf seine Oberfläche geschickt, und eine Zeitlang empfanden wir das als Großtat. Jetzt jedoch, wo sich das Wunder der Mondlandung abgenützt hat, kommt sie uns eher wie ein Zirkus-Kunststück vor, bei dem viele Clowns aus einem winzigen Gefährt fallen, und der Mond selbst bleibt ebenso schwer faßbar wie zuvor.

Heute nacht ist der Mond so voll und hell und

gelb, so, wie ich ihn immer sehe. Er scheint am östlichen Himmel emporzuklettern; eben jetzt hängt er über dem Kamm des Küstengebirges. Für mich sieht es aus, als folge der Mond dem Weg der Sonne, wandere von Osten nach Westen, aber ich weiß, daß auch das eine Selbsttäuschung ist. Erde und Mond bewegen sich beide in östlicher Richtung – nur daß die Erde und ich uns schneller bewegen, darum scheint der Mond in die andere Richtung zu wandern.

Es ist spät, als ich einschlafe. Früh am Morgen wecken mich die durchdringenden Geräusche und die ungesunden Abgase von Jet-Skiern. Ich stehe auf meiner Veranda, blicke übers Meer und beobachte, wie die lärmenden Gefährte über die Brecher hüpfen gleich seetüchtigen Schneemobilen. Sie versammeln sich unterhalb meines Strandhauses, vermehren sich ständig: zwei, dann vier, dann acht, dann zwölf. Die Fahrer stehen aufrecht im Cockpit und fahren direkt in die Brandungswellen hinein; sie springen über die Wellenkämme und wenden mitten in der Luft.

Einer der Fahrer wird von seinem hohen Sitz geschleudert wie ein Cowboy von einem sich bäumenden halbwilden Pferd. Er schlägt einen Doppelsalto und stürzt dann kopfüber ins Meer. Ich nehme an, daß er sich das Genick gebrochen hat – aber nein, ich sehe ihn durch die Brandung schwimmen, hinter seiner Maschine her, die im Kreis herum fährt. Er erwischt sie, kraxelt mühsam wieder an Bord und steuert in eine nahende Welle hinein.

Ich staune über diese Wellenreiter und den Aufwand, den sie betreiben, um Aufregung in ihr Leben zu bringen. Sie werden von Machtgefühlen erfaßt, weil sie einen Verbrennungsmotor zwischen ihren Beinen haben, der es ihnen ermöglicht, Froschhüpfen über die Wellen zu spielen. Ich würde sie gern ans Ufer rufen und ihnen sagen, was ich erst vor kurzem erkannt habe.

Ich würde ihnen sagen, wenn sie Nervenkitzel suchten, sollten sie ihre Spielzeuge wegwerfen und auf der größten aller Berg-und-Tal-Bahnen fahren, der Erde, auf der sie wohnen. Und ich würde ihnen sagen, daß es sie absolut nichts koste, weil sie vom Tag ihrer Geburt an freien Eintritt haben.

9

Der Rabe und das Radar

Ein schönes Ding ist eine Freude für immer:
Seine Lieblichkeit wächst und wird nimmer
Ins Nichts übergehen, sondern ein stilles Gemach
Für uns bereithalten, und einen Schlaf
Voll süßer Träume, Gesundheit und ruhigem Atem.

John Keats

Früh am Morgen wache ich auf, von Entschlossenheit erfüllt. Ich lasse das Frühstück aus und gehe zum Strand, mit dem festen Vorsatz, das geheimnisvolle Ding zu untersuchen, das mich seit der Ankunft in Miramar beschäftigt. Ich sehe es jetzt genauso wie jeden Morgen von meiner Veranda aus: eine kugelförmige Antenne, die wie ein Riesenpilz aus der etwa eineinhalb Kilometer entfernten Landspitze herauswächst. Ich habe beschlossen, so nahe wie möglich heranzugehen und für mich persönlich in Erfahrung zu bringen, was genau dieses Ding dort zu suchen hat.

Ich fragte viele Leute, was das ist, aber sie zuckten nur die Achseln oder starrten mich mit leerem Blick an und sagten, sie wüßten es nicht. Ihre Gleichgültigkeit überraschte mich, denn die Antenne ist ein hervorstechendes Landzeichen auf dem Küstenstreifen hier, sie ragt hoch aus der Klippe heraus, auf der sie steht.

Ich durchquere den Hafen und gehe auf einem Fußweg weiter, bis dieser plötzlich an einer gepflasterten Straße endet. Dort steige ich über ein Schutzgeländer und mache mich daran, einen steilen Abhang zu erklimmen. Gleich darauf sehe ich mich leuchtend roten Buchstaben auf einer Tafel gegenüber:

WARNUNG
Anlage der U.S. Luftwaffe
Es ist ungesetzlich, diesen Bereich ohne Erlaubnis
des Kommandeurs der Anlage zu betreten.
§ 21, Ges. für Innere Sicherheit von 1950
Während des Aufenthalts auf dieser Anlage
ist das gesamte Personal und der unter seiner
Kontrolle stehende Besitz der Durchsuchung
unterworfen.

Ich steige weiter den Hügel hinauf, bis ich einen kettenartigen Zaun erreiche, der oben mit Stacheldraht bewehrt ist und die ganze Anlage umschließt, den Zugang vom Meer sowie vom Land blockiert. Jenseits des Zauns sehe ich die riesige Schüssel, zwei kleinere Antennen und mehrere niedrige Gebäude.

Plötzlich geht an einem der Gebäude eine Tür auf, und eine kräftige Frau in Khaki-Uniform kommt auf mich zu.

»Kann ich Ihnen helfen?« fragt sie mit fester Stimme von ihrer Seite des Zauns.

»Ich bin nur neugierig«, antworte ich. »Was ist das hier überhaupt?«

»Eine Radarstation. Wir verfolgen Raketen, die von der Vandenberg Air Force Base abgeschossen werden.«

»Der Vandenberg Air Force Base! Das ist an die sechshundertfünfzig Kilometer entfernt!«

»Richtig.«

»Wo gehen die Raketen nieder?«

»Weit draußen im Pazifik. In der Nähe eines Atolls. Und jetzt muß ich Sie warnen, Sie befinden sich unrechtmäßig auf dem Gelände der Air Force.«

Ich hätte gern weitere Fragen gestellt, aber ihr Verhalten zeigt klar, daß unser Gespräch beendet ist.

»Tut mir leid«, sage ich. »Das habe ich nicht gewußt.«

Als ich mich zum Gehen wende, sehe ich etwa fünfzig Meter rechts von mir zwei Surfer am Zaun der Anlage. Sie steigen in ihren nassen Anzügen auf die Landspitze, ihre Bretter unter den Armen. Ich folge ihnen auf einem ausgetretenen Pfad, bis sie über die Kante oben verschwinden. Als ich dort eintreffe, bleibe ich erst mal einen Augenblick stehen, um die weite Windung der Felsenküste in mich aufzunehmen. Unter mir, am Fuß eines steilen Steigs, liegt eine in die Felsen eingeschnittene Bucht, bei weitem die schönste von allen, auf die ich gestoßen bin, seit ich meine Streifzüge am Strand von Miramar mache.

Ich steige hinab und finde mich unten auf einem abgeschiedenen Landstück wieder, in einer Enklave. Einen solchen Ort entdeckt man bei bewußter Anstrengung kaum je, man stolpert vielmehr bei der Suche nach etwas anderem darüber. Im Norden springt die zerklüftete Landspitze ins Meer vor. Im Süden sonnen sich Seelöwen auf den aufgeheizten Felsen. Hinter mir ragt der steile Abhang empor, eine jähe Wand, die unten ausgehöhlt ist vom endlosen Anbranden des Ozeans. Jenseits der Brecher knien die Surfer auf ihren Brettern, steigen und sinken mit den Wellen.

Ich strecke mich auf dem Sand aus, die Hände unterm Kopf, und blicke nach oben, in der Erwartung, eine tiefblaue Himmelskuppel zu sehen. Doch statt dessen sehe ich die Radarantenne. Sie steht zwischen mir und der Sonne und wirft ihren Schatten über den Sand. Aus dieser Perspektive wirkt sie noch imposanter. Ich kann sie jetzt ganz stehen: die Stützstreben, mit denen sie in der Landspitze verankert ist, den mächtigen Schwenkhals, die große, direkt zum Himmel gerichtete konkave Scheibe.

Wäre ich ein Landschaftsmaler, ein Turner oder Constable, würde ich die Szene aus diesem Blickwinkel malen, vom Strand hier unten. Ich würde die Brecher malen, die Surfer auf ihren Brettern, die Seelöwen auf den Felsen, und ich würde die alles überblickende Antenne hoch oben auf der Klippe malen. Ich würde sie keinesfalls wegen der Hübschheit des Bildes daraus verbannen, sondern sie so malen, wie sie ist. Ich würde sie nicht als schönen Gegenstand malen, sondern so, wie sie wirkt, als Schandfleck in der Landschaft, als Eindringling in dieses abgeschiedene Fleckchen Erde.

Ich spüre Zorn in mir aufsteigen. Mir kommt die Erinnerung an ein von Bäumen beschattetes Haus am Rand einer kurvigen Landstraße. Ich saß an meiner Schreibmaschine und schaute zum Fenster hinaus, durch einen Hain von Eichen und Ahornen, als plötzlich ein Laster mit Arbeitern des Elektrizitätswerks vorfuhr. Während ich noch schaute, begannen sie am Rand meines Vorgartens ein Loch zu bohren. Ich eilte hinaus und fragte den Vorarbeiter, was hier vorgehe.

Er erklärte, sie würden einen von Spanndrähten gehaltenen Masten aufstellen, um dessen oberes Ende Kabel geschlungen werden sollten.

»Das können Sie nicht machen«, wandte ich ein. »Ich möchte doch nicht jedesmal, wenn ich aus dem Fenster schaue, einen häßlichen Masten vor Augen haben.«

Der Vorarbeiter winkte ab. »Das sagen die Leute immer, aber nach einer Weile bemerken sie ihn gar nicht mehr.«

Diese Worte habe ich nie vergessen.

Die Luftwaffengeneräle, die auf die Landspitze hier eine Radarstation bauen ließen, wußten genau, daß diese Behauptung stimmt. Sie widersetzten sich den Protesten all jener, die in der riesigen Antenne eine Entweihung, eine Zerstörung der Schönheit der Küste sahen. Sie wußten, daß die Anlage mit der Zeit Bestandteil der Szenerie würde und daß die Menschen sie schließlich so sehen würden, als gehöre sie dorthin, als sei sie immer dort gewesen.

Ich weiß, wie das vor sich geht, habe es viele Male an mir selbst erfahren. Vor ein paar Monaten stand an der Küstenstraße plötzlich eine scheußliche Plakatwand. Ich schrieb wütende Protestbriefe; ich war derart aufgebracht, daß ich mitten in der Nacht losschleichen und sie umsägen wollte. Fast jede Tat, ob gesetzlich zulässig oder nicht, schien mir gerechtfertigt. Die Wochen verstrichen, und die Plakatwand störte immer weniger, genau wie es der Vorarbeiter bei dem Masten prophezeit hatte. Eines Tages fuhr ich daran vorbei, und erst mehrere Kilometer weiter wurde mir bewußt, daß ich sie gar nicht gesehen hatte.

Jetzt jedoch, während ich auf dem Strand hier im Schatten der Antenne sitze, denke ich über den Preis nach, den ich bezahlt habe. Ich glaube, ich habe ein unveräußerliches Recht auf die Schönheit der Erde, die lange vor meiner Geburt erschaffen wurde. Aber ich spüre, daß ich jedesmal, wenn ich dem Häßlichen unterliege, dem Niedrigen und Profanen in meiner Umgebung, ein Stück meines Geburtsrechtes aufgebe und daß ein Kernteil meines Wesens stirbt.

Jene Menschen, die das Land verraten – sie betrachten meine Fähigkeit der Anpassung an Häßlichkeit als entscheidend für den Fortschritt, als gutes Zeichen. Aber ich sehe sie als Charakterschwäche, eine Art, meine Sinne abzutöten, mich selbst zu einem Automaten zu reduzieren.

Ich widersetze mich keineswegs dem Fortschritt. Mir ist die Rolle der Produktivität bei der Erzeugung von Reichtum und Muße für die breite Masse klar, und ich habe größten Respekt vor der Arbeit von wissenschaftlichen Forschern und Entwicklungsingenieuren. Als Journalist habe ich den Bau von Brücken, Dämmen und Fernstraßen beobachtet. Ich habe die Weißglut im

Ofen des Stahlarbeiters gesehen; ich habe darüber berichtet, wie Supercomputer die Weltsicht der Menschheit verändern würden.

Doch ich bin überzeugt, daß wir nicht wissen, was wir tun, wenn wir den Produkten unserer Technologie höhere Priorität einräumen als der natürlichen Schönheit des Landes. Mir scheint, daß Häßlichkeit eine Krankheit der Gesellschaft ist, eine, die wir selbst über uns bringen und die uns in unserer Gesamtheit nach und nach verzehrt. Man hat uns dieses Paradies gegeben, dieses Land, wo Milch und Honig fließen, und wir lassen es uns Stück für Stück entgleiten.

Ich glaube, das Verlangen nach Schönheit ist mir mitgegeben wie jedem von uns, und unsere lebenslange Suche danach ist unser größtes und wichtigstes geistliches Schauspiel, eines, das man im Mittelalter Moralität nannte. *Schönheit* ist das Antonym von *Gewalt*, das Gegenmittel gegen die ganze angestaute Wut auf der Welt. Wir haben diese Wahl: Wir können uns für Schönheit entscheiden oder für Gewalt. Wählen wir die Gewalt, werden Tod und Vernichtung unser Lohn sein. Wählen wir die Schönheit, werden wir für unsere Kinder ein stilles Gemach schaffen und für uns selbst einen Schlaf voll süßer Träume.

Die Sonne steht direkt über der Radarstation, wird von dem Stahl reflektiert; ich kann ihre Wärme auf meinem Gesicht und meinen Armen spüren. Ich stehe auf und ziehe den Schirm meiner Mütze weiter in die Stirn, um meine Augen zu beschatten. In dem Moment bemerke ich, daß der Strand rund um mich mit Bierdosen übersät ist. Ich zähle sie – mehr als dreißig liegen herum, überall verstreut, einige auf dem Sand, andere teilweise darin vergraben.

Mir fällt ein, daß ich vor ein paar Jahren mit meinem Freund Lex Blood, einem Geologen, den Grinnell Trail im Glacier-Nationalpark acht Kilometer weit emporstieg. Unter uns breitete sich ein hellblauer kleiner Gletschersee aus; über uns ragte die »Garden Wall« auf, die von den Rocky Mountains gebildete Wasserscheide. Auf halbem Weg nach oben gewahrte Lex einen in eine Felsspalte gestopften Gegenstand. Er zog das Ding mit einem Stock heraus und steckte es in eine Innentasche seines Rucksacks.

»Was ist das?« fragte ich.

»Ein Schneuzfetzen!« fauchte er.

Die zerklüfteten Berge rund um uns waren ein ehrfurchtgebietender Ort, ein wahres Lagerhaus an Informationen über die Geschichte unserer Welt. Doch einer der Wanderer auf dem steinigen Pfad sah in ihnen nichts anderes als einen praktischen Ablageplatz für ein Papiertaschentuch, mit dem er sich die Nase geputzt hatte. Ich höre noch heute die moralische Entrüstung in Lex' Stimme, sehe noch heute die Empörung in seinen Augen.

Ich weiß ganz genau, was er empfand, denn ich empfinde jetzt das gleiche. Ich bin wütend über diese leeren Dosen, enttäuscht über den Mißbrauch, die schändliche Gefühllosigkeit gegenüber der Schönheit des Landes. Und dennoch, trotz all der Gegenbeweise rund um mich, kann ich nicht von meiner Überzeugung lassen, daß die Suche nach Schönheit den Menschen, die diesen Strand verunreinigt haben, ebenso angeboren ist wie jeder Frau, jedem Mann.

Warum tun sie so etwas? Warum bringen sie ihre Bierdosen mit hierher an diesen schönen einsamen Strand, wo sie doch genausogut auf einem Stadtbordstein oder neben einer Müllhalde sitzen könnten? Ich glaube, sie tun es, weil sie nicht anders können. Sie werden von der Schönheit dieses Ortes angezogen; eben hier wollen und müssen sie sein.

Doch wenn ihre Party vorbei ist, scheint irgendein Teufelchen des Perversen die Initiative zu ergreifen: als müßten sie ihren Freunden und anderen ihresgleichen beweisen, daß sie immun sind gegen die Kraft der Natur, die sie hierher gelockt hat. Ein anderes Verhalten wäre das stillschweigende Eingeständnis, daß sie eine Verbindung mit dem Land, eine Neigung für Meer und Sand spüren, ein Band zu dem, was sie auf der Welt als heilig wahrnehmen.

Eine echte Äußerung von Verehrung scheint etwas zu sein, was sie sich nicht leisten können. Das Ergebnis ihres Unterdrückens einer solchen Äußerung sehe ich in dem Müll, den sie hinterlassen. Die um meine Füße verstreuten leeren Dosen sprechen mit einer Kraft zu mir, die über Worte hinausgeht. Sie sagen mir, daß die Verursacher dieser Unordnung gegen sich selbst rebellieren.

Ich lebe in einer Zeit und an einem Ort, wo man einen Preis für Hartherzigkeit aussetzt. Ich kenne einen Mann, der ständig über das Verlangen seiner Frau spottet, in der Abenddämmerung an den Strand hinunter zu gehen und den Sonnenuntergang zu beobachten. »Frauen lieben Sonnenuntergänge«, sagt er verächtlich. Er möchte als praktischer Kerl angesehen werden, als pragmatischer Geschäftsmann. Vielleicht ist er das auch. Aber ich kann mich des Gedankens nicht erwehren, daß der Pragmatiker, der er zu sein behauptet, nichts anderes ist als eine Persönlichkeit, die er für sich ausgewählt hat. Als Schutzmantel, den er zwischen sich und seine Gefühle ziehen kann, seine wahren Gefühle in den seltenen Augenblicken, in denen er sich gehen läßt.

Ich sehe kaum einen Unterschied zwischen jenen Menschen, die behaupten, Sonnenuntergänge ließen sie gleichgültig, und jenen Menschen, die an den Strand fahren und dort leere Dosen herumliegen lassen. Beide fühlen sich zum Schönen hingezogen; beide haben Angst vor dem, was andere denken könnten, wenn sie zugäben, daß dem so ist. Beide haben ein rechtmäßiges Interesse daran, als kühl und hart zu erscheinen. Nach ihrer Ansicht sind es die Kühlen und Harten, die diese Welt erben werden.

Für mich ist das allerdings eine destruktive Lebenseinstellung, eine, die auf Selbstverleugnung beruht, und letztere ist eine Form des Selbstmords. Ich bin auf der Hut vor Menschen, die ihre Wünsche unterdrücken, die entweder durch eigene Wahl oder durch die Umstände der Schönheit beraubt werden, denn bei ihnen weiß man nie, wann sie explodieren.

Ich denke an die Menschenmassen, die man in den Ghettos der Welt zusammenpfercht. Sie sehen keine grünen Hügel, keine weidenden Schafe, keine blühenden Wiesen, keine aufsteigenden Vögel. Tag für Tag gehen sie auf Pflaster und blicken kahle Mauern an. Als Folge der Trennung von allem, was natürlich ist, hauen sie unvermittelt wild um sich, rauben und zerstören, schlagen Scheiben ein, werfen Autos um. Sie toben auf den Straßen herum, verzehrt von Wut, ohne je zu erkennen, daß das, was sie sich am meisten wünschen, was sie am ärgsten vermissen, etwas ist, was sie nie hatten. Das Fehlen von Schönheit ist es, was sie verrückt macht.

Meine frühen Kindheitserinnerungen spielen im Haus meiner Großeltern in Manhattan Beach, wo es Dahliengärten gab, Maulbeerbäume und einen freien

Blick aufs Meer. Ich lebte mit meinen Eltern auf der New Yorker West Side, und ich weiß noch genau, wie sehr mich das Fehlen von Schönheit beeinflußte. Das Verlangen, den harten, kalten Stadtstraßen zu entfliehen, beherrschte jeden meiner Gedanken; seinetwegen kam es zu einem Riß zwischen mir und meinen Eltern, der nie verheilte. Ich flehte sie an, wegzuziehen; sie konnten es nicht. Weil sie an die Stadt gefesselt waren, blieben sie in ihrer Wohnung – und verfrachteten mich auf Dauer zu Großmama und Großpapa.

Diesem Arrangement wohnte Logik inne, besonders vom Standpunkt meines Vaters. Er machte Modezeichnungen für Warenhäuser, Werbeagenturen und Zeitschriften und wollte in der Nähe seiner Kunden sein. Aber wenn er mit seiner Arbeit fertig war, befestigte er eine Leinwand auf seiner Staffelei und malte mit einem Spachtel in Öl. Er malte die weißen Birken und die Felsriffe der Küste von Maine. Er malte eine Indianersquaw, die ihr Kind auf dem Arm hielt und um sie beide einen langen roten Schal geschlungen hatte. Er malte maurische Häfen und eine Dhau, die Lateinsegel führte und übers Arabische Meer glitt. Er malte aus seiner Phantasie heraus Ansichten, die er nie gesehen hatte.

Alle seine Bilder gingen mir vor Jahren bei einem Wohnungsbrand verloren, aber sie sind lebendig in mein Gedächtnis geprägt. Ich begreife jetzt, daß sie einen Aspekt im Naturell meines Vaters offenbaren, von dem ich nichts wußte: seine Sehnsucht nach einer anderen Landschaft, einer Landschaft mit weicheren Linien und helleren Farbtönen. Könnte ich ihn jetzt treffen, würde ich ihm eine Frage stellen, die mich verfolgt.

Du hast in der Stadt gelebt, würde ich sagen, aber du hast nicht die Stadt gemalt. Warum also bist du in der Stadt geblieben, wenn dein Herz anderswo war?

Mich verlangt glühend nach seiner Antwort, aber ich höre nur die Geräusche des Meeres.

Ich blicke zu der Radarstation hinauf, die gerade in Dunst gehüllt ist. Als sich der Nebel verzieht, sehe ich, daß sich die Antenne bewegt hat. Die massive Scheibe, vorhin auf den Himmel ausgerichtet, hat sich um ihre Achse gedreht, so daß sie jetzt zum Meer geneigt ist. Ich nehme an, man hat sie in eine Stellung gebracht, in der sie die Raketen verfolgen kann, die jetzt abgefeuert werden.

Das bringt mich aus der Fassung. Ich brauche jemanden, mit dem ich reden kann. In meiner Frustration stelle ich mir vor, daß ich den Dialog mit der wachhabenden Frau in der Radarstation wieder aufnehme, dort, wo er abgebrochen war.

Warum tun Sie so etwas? frage ich herausfordernd.

Wir verfolgen Raketen, sagt sie. *Dazu sind wir hier. Das tun wir.*

Aber warum?

Weil wir uns vor unseren Feinden schützen müssen.

Aber meine Feinde sind nicht eure Feinde, sage ich zu ihr. *Meine Feinde sind jene, die mich verteidigen wollen, indem sie das zerstören, was ich liebe.*

Wenn Sie nicht verteidigen, was Ihres ist, sagt sie, *wird jemand kommen, der stärker ist als Sie, und es Ihnen wegnehmen.*

Ich wünsche mir verzweifelt, zu erreichen, daß sie begreift. Ich wünsche mir, sie zu der Einsicht zu bringen, daß Schönheit die Ursache von Frieden ist und daß Raketen die Ursachen von Krieg sind.

Wissen Sie nicht, frage ich, *daß wir menschlicher Feindseligkeit kein Ende setzen können, indem wir uns eine Landspitze aneignen und eine Antenne daraufstellen? Wir können keine friedliche Welt schaffen, indem wir Raketen bauen und sie über fünfzehnhundert Kilometer offenes Meer verfolgen. Es gibt nur einen Weg, auf dem wir Frieden schaffen können, und der ist, daß wir überallhin Schönheit – die Schönheit der Kunst, die Schönheit der Natur – bringen, allen Menschen, denn das ist es, wonach sie sich sehnen. Jedesmal, wenn wir ein Stück Schönheit aus der Welt entfernen, schwächen wir uns selbst.*

Erschöpft von dem Bemühen, erfüllt von der Sinnlosigkeit meiner Worte, lasse ich die Vorstellung verblassen.

Es ist Zeit zu gehen. Ich steige den steilen Pfad empor auf die Klippe, wo ich einen Augenblick innehalte, um den weiten Ausblick auf den Ozean zu genießen. Unter mir höre ich das heisere Krächzen eines Raben. Ich sehe ihn mit ausgefransten Flügeln an den Felsen entlangschießen. Er landet auf einem Band und hüpft flatternd in sein Nest, ein Loch in der Klippe – nicht mehr als nötig. Ich schaue an die Stelle, wo er verschwunden ist, kann sie kaum ausmachen. Das Hauptmerkmal eines Rabennests ist seine Unsichtbarkeit, die Art, wie es mit all den Schatten und den Farben der Welt verschmilzt.

Ich verlasse die Landspitze und schlage den Heimweg ein, wobei ich dem Gedanken nachhänge, daß ich, wenn ich die Wahl zwischen der Art des Raben und der Art des Menschen hätte, jene des Vogels wählen würde.

10

Steine hüpfen lassen

Vormittag – und die Sonne steht so hell und prächtig am Himmel, daß ich mich kaum an alle die vergangenen Tage mit dem vom Wind durchblasenen Nebel erinnern kann. Eine schwache auflandige, von der japanischen Strömung gekühlte Brise streicht mir übers Gesicht, wie die zarte Liebkosung einer Frau. Während ich über den Strand wandere, habe ich das Gefühl, eine schwere Last sei von mir genommen worden, und ich habe das Gefühl, über mich hinauswachsen zu können.

Weit unten am Strand stoße ich auf zwei Männer – einen grauhaarigen und einen fast kahlköpfigen –, die Steine ins Meer werfen. Sie spazieren langsam voran, reden dabei, bleiben alle paar Schritte stehen, um nach einem neuen Stein zu suchen. Wenn sie einen finden, schleudern sie ihn mit seitlich ausgestrecktem Arm über das seichte Wasser und beobachten, ob er untergeht oder hüpft.

Mich überkommt beim Zuschauen ein unwiderstehlicher Drang. Ich finde einen flachen, von den Wellen glattgeschliffenen Hupfstein und werfe ihn über die ruhige Oberfläche des Meeres. Er hüpft dreimal. Freude erfüllt mich; ich beherrsche den vor so langer Zeit erlernten Kniff noch immer.

Sobald ein Stein untergeht, suche ich nach einem anderen und wieder einem anderen. Ich erspähe einen fast perfekten Stein, der rund und dünn wie eine Klinge ist. Er hüpft fünfmal. Ich weiß nicht, wie viele Jahrzehnte vergangen sind, seit ich einen Stein fünfmal hüpfen ließ.

Mir fällt mein ältester Sohn ein, als er, erst drei oder vier Jahre alt, Steine aufklaubte und in einen See warf. Ich befahl ihm, damit aufzuhören, doch das nützte nichts. Sobald ich ihm den Rücken zudrehte, griff er nach einem neuen Stein und warf ihn ins Wasser. Jahre später ging ich mit meinen Enkeln an dem gleichen See entlang und schaute ihnen zu, während sie Steine warfen, genau wie einst ihr Vater. Ich griff nicht ein, denn mittlerweile kannte ich die Aussichtslosigkeit solcher Versuche. Es ist genau so unmöglich, Jungen vom Steinewerfen abzuhalten wie

Hunde vom Bellen oder Katzen davon, einen Buckel zu machen.

Ich weiß nicht, woher dieser Drang zum Werfen rührt – ob ich es instinktiv tue oder weil es mir soviel Freude macht. Schrieb der heilige Paulus nicht warnend an die Korinther, sie sollten sich vor jenem Verhalten hüten, dem ich mich gerade hingebe? »Da ich ein Kind war«, schrieb er in seinem ersten Brief, »da redete ich wie ein Kind und war klug wie ein Kind und hatte kindische Anschläge; da ich aber ein Mann ward, tat ich ab, was kindisch war.«

In der Sonntagsschule hatte ich einmal einen Lehrer, der diese Verse mit ihrer ganzen biblischen Kraft predigte. Er hatte kindische Dinge längst abgelegt und wollte, daß die von ihm unterrichteten Kinder das gleiche taten. »Wenn ihr erwachsen seid«, sagte er, »werdet ihr mit anderen Augen sehen.« Ich bin jetzt erwachsen, und mich dünkt jetzt, daß er die Worte des heiligen Paulus falsch auslegte. Ich will das Kind in mir nicht unterdrücken; ich will das Kind in mir bewahren.

Die beiden Männer, die Steine hüpfen ließen, machen kehrt und stapfen durch den schweren Sand davon. Sie gehen über die Dünen; noch eine Zeitlang sehe ich ihre Köpfe auf der anderen Seite auf und ab rucken. Ich studiere die Dünen, kneife die Augen zusammen, sehe zum erstenmal, daß sie für das innere

Auge aus feinen Farbtönen geformt sind. Ich bin schon oft hier entlanggegangen, habe aber nie zuvor so viele Schattierungen von Pink, Rosa und Ocker gesehen.

Die Häuser hinter den Dünen wirken zusammengedrückt und scheinen in der Luft zu hängen wie Spielzeughäuschen auf einer winzigen Bühne. Es könnte sich um eine Szene auf einem Gemälde von Henry Miller handeln. Ich stieß in einer Galerie unten an der Küste bei Big Sur auf seine Kunst. Den Schriftsteller Miller kannte ich, den letzten Ausgebürgerten und den Chronisten des Bohemelebens, einen Mann verbissen-zäher Prosa, die oft ins Ausfällige abglitt. Doch den Aquarellmaler kannte ich nicht, den Erwachsenen, der die Welt sah, wie ein Kind sie sieht, eine phantastische Welt der Knollennasen, schieläugigen Hüte und schwimmenden Häuser – alles voller Überschwang gemalt, als habe er seine Vision in einem einzigen großen Wurf zu Papier gebracht.

Eines meiner Lieblingsbilder Millers zeigt Jerusalem: die Altstadt mit ihrer Skyline aus Moscheen und Minaretten in Farbflecken aus Rot und Blau, Grün, Grau und Kupfer. Auf dem Gemälde wird alles suggeriert und nichts erklärt. In seiner Unschuld wirkt es wie das Werk eines Drittkläßlers, ein Werk, das man vielleicht an einer Klassenzimmerwand sehen könnte, mit Reißnägeln befestigt. Nur daß es viel überragender ist, weil es die leidenschaftliche Intensität, die

Spontaneität und das Können eines Künstlers ausstrahlt, der ein Junge geblieben ist.

Ich kaufte mir ein Buch mit Reproduktionen von Millers Bildern, das ich oft durchblättere, um seine Clowns, Segelboote und Dörfer, seine Porträts von Freunden und Angehörigen in mich aufzunehmen. Was mich neben dem Wunderbaren seiner Arbeiten am meisten erstaunt, ist der großzügige Geist hinter allem. Einige Bilder verkaufte er für einen Hungerlohn; die meisten verschenkte er. Ein Freund sagte vielleicht: *Henry, dieses Gemälde von dem Mann mit einem Vogel gefällt mir* – dann konnte es passieren, daß er sagte: *Hier, es gehört dir.*

Damit Miller malen konnte, wie er malte, und leben konnte, wie er lebte, mußte er völlig frei sein von der lähmenden Angst, die den meisten Menschen ins Knochenmark kriecht, wenn sie heranwachsen. »Wenn ich schreibe, arbeite ich«, sagte Miller. »Aber wenn ich male, spiele ich.« Und genau darin liegt das Geheimnis seines Künstlertums. Seine Gemälde lassen einen Geist erkennen, der die ganze Zeit über frei schweifte. Ein Buch mit seinen Gemälden trägt den Titel *Paint as You Like and Die Happy*, »Male, wie du willst, und stirb glücklich«.

Zu einem anderen Zeitpunkt in meinem Leben hätte ich diese Aussage wohl als Dreistigkeit aufgefaßt, jetzt aber empfinde ich sie als moralischen Imperativ. Nach meinem Gefühl habe ich einen großen Abschnitt meines Lebens damit verbracht, Regeln und Bestimmungen zu befolgen, die andere festgelegt hatten; jetzt jedoch beschäftigt mich, welche Gefühle ich dereinst auf dem Sterbebett über mein hinter mir liegendes Leben haben werde.

Ich bummle weiter am Strand entlang, summe leise, ohne an die Melodie zu denken. Sie scheint einfach dazusein, in meinem Kopf und auf meinen Lippen, ohne daß ich weiß, warum. Der Text steigt aus ferner Erinnerung auf:

Why do I love you?
Why do you love me?
Why should there be two
Happy as we?

Plötzlich ertappe ich mich dabei, daß ich laut singe, mit voller Stimme. Die Musik stammt von Jerome Kern, der Text von Oscar Hammerstein, das Lied aus *Show Boat*. Ich bin kein Erwachsener mehr, der am Strand entlanggeht; ich bin ein Kind im parfümierten Schlafgemach meiner drallen Großtante Leona Libby Lewis, die Gassenhauer singt. Sie ist ziemlich fortgeschrittenen Alters, aber ihre Stimme klingt nach wie vor tief und voll. Sie hält einen Moment inne und schaut mich an, wie ich hingerissen neben ihr auf einem Hocker sitze.

»Sing, Ricky, sing!« befielt sie.

»Ich kann nicht singen«, antworte ich. Damit meine ich, daß ich nicht tonrein singen kann, denn das hat man mir immer wieder gesagt, bis ich überzeugt war, daß es stimme.

Sie ist empört. »Komm her«, sagt sie. »Stell dich neben mich.« Sie streckt die Arme aus, legt sie um mich und zieht mich locker an sich. »Jetzt sing«, sagt sie. »Sing mit mir!«

Ich höre ihre kraftvolle Stimme, sie hüllt mich ein. Ich öffne den Mund und stoße die Worte hervor, in der Hoffnung, daß sie mit der Melodie übereinstimmen.

»Lauter«, sagt sie.

Ich strenge mich an.

»Sing die Worte! Sing die Worte! Hab keine Angst!«

Ich singe lauter und noch lauter.

Can you see the why or wherefore
I should be the one you care for ...

Die Melodie steigt auf und wirbelt durch das Zimmer, füllt leere Stellen, bringt den Deckenleuchter zum Klirren. »Wer sagt, daß du nicht singen kannst?« ruft Tante Leona. »Sag nie mehr, daß du nicht singen kannst!«

Die Melodie klang weiter, nachdem Tante Leona mich losließ, aber die Angst kam zurück, und ich sang nur noch selten. Probierte ich es in späteren Jahren, schauten mich die Menschen rundum – meine Frau, meine Kinder – gewöhnlich schief an und machten meine Versuche herunter. Eine Familienregel wurde aufgestellt: Es ist Daddy nicht gestattet, am Eßtisch zu singen. Das war, wie ich glaube, halb scherzhaft gemeint, hatte aber dennoch eine tödliche Wirkung. In Wirklichkeit wollte ich nichts anderes, als daß sie die Stimmen erhoben und mit mir sangen.

Wenn ihr mit mir singt, wollte ich sagen, kann ich eurer Führung folgen und richtig singen.

Aber ich sagte es nicht; ich hatte zuviel Angst. Ich hörte mir die Musik an, die ich liebte. Ich sang in meinem Kopf, in meinem inneren Wesen. Ich hörte die Klänge tief drinnen in meiner Seele. Aber laut sang ich nicht. Die Angst trat zwischen mich und die Melodie, darum unterdrückte ich mein Singen.

Bis jetzt.

Der Strand ist verlassen – aber selbst wenn er voller Menschen gewesen wäre, hätte ich mich wohl nicht abschrecken lassen. Ich höre meine Stimme über die Brecher schallen, als sporne Tante Leona mich an.

I'm a lucky boy,
You are lucky, too,
All our dreams of joy
Seem to come true ...

Bei dem Lied handelt es sich um ein Duett. Ich singe eine Frau an, und sie singt mich an. Unsere Stimmen verschmelzen, trennen sich und verschmelzen erneut. Plötzlich ist der Tag mit Möglichkeiten erfüllt. Ich glaube, daß ich, wenn ich so ohne Angst singe, die Noten genau treffen und die Frau materialisieren kann. Ich habe keine Ahnung, wer sie ist, aber das macht nichts. Worauf es ankommt, das ist dieses unvermittelte, aus dem Singen geborene Gefühl der Leichtigkeit, der Befreiung.

Wir sehnen uns in unserem Alltagsleben sehr nach dieser Leichtigkeit und finden sie nur selten, eben wegen der uns von anderen eingeflößten Angst, wir könnten eine Note nicht treffen, einen Takt auslassen, falsch singen. Statt unseren Gesang herauszuhauen, zerquetschen wir ihn. Ich sehe die Folgen dieser Unterdrückung, sehe, wie sie den Geist abstumpft und das Fleisch schlaff macht, uns vorzeitig altern läßt.

Vor einer Weile besuchte ich eine Verwandte, die in meinen Kindheitserinnerungen begeistert Klavier spielte. Sie führte mich durch ihr Haus und blieb dann am Eingang zum Wohnzimmer stehen. Die Couch und die Sessel waren in dicke, durchsichtige Plastikfolie verpackt. Man hatte den Eindruck, das Zimmer sei ein Ausstellungsstück aus einer bestimmten Periode in einem Museum und sei mit einer unsichtbaren geflochtenen Kordel abgesperrt.

Aus einem Impuls heraus überschritt ich die imaginäre Schranke, und als ich es tat, spürte ich Spannung in der Luft. Ich wußte sofort, daß ich gegen eine strenge Hausregel verstoßen hatte, aber ich wollte das in der Ecke stehende Musikinstrument sehen: ein edles, schön poliertes Spinett, das sie von ihrer Mutter geerbt hatte. Ich versuchte den Deckel über der Tastatur anzuheben, aber er war verschlossen oder klemmte wie der Deckel einer Truhe, die man jahrelang nicht geöffnet hat.

Sie beobachtete mich angespannt, das Gesicht verzerrt, die Arme über der Brust verschränkt, die Schultern krumm und die Finger ins Fleisch gebohrt, als umfasse sie sich selbst, um einen Kälteschauer abzuwehren.

»Spielst du noch?« fragte ich.

»O nein«, antwortete sie. »Ich habe es seit Jahren nicht angerührt.«

»Das ist sehr schade.«

Sie stand eine ganze Weile stumm da und sagte dann: »Ich würde es meiner Tochter geben, aber sie geht so nachlässig mit den Dingen um.«

Ein rauher Wind fuhr durch das Haus. Ich beendete den Besuch, so rasch ich konnte, und stieg in mein Flugzeug. Auf dem langen Heimweg, mehr als dreizehntausend Meter über dem Meer, wirbelten mir ihre Worte unaufhörlich durch den Kopf.

Einige Zeit danach besuchte ich in einer Kleinstadt im Zentrum des Staates Michigan ein Konzert des großen russischen Cellisten Mstislav Rostropovich. Bevor er zu spielen begann, hielt er seine Stradivari hoch, so daß das Publikum die Schramme auf der Oberseite des Instruments sehen konnte. Er erklärte auf die charmanteste, kindhafteste Art, daß die Schramme bereits dagewesen sei, als er das Cello erworben habe, daß einer der früheren Besitzer sie durch einen Unfall verursacht habe und daß sie dem Cello seinen speziellen Klang und Charakter gegeben habe. Dann setzte er den Bogen auf die Saiten. Im Publikum trat Stille ein, als die vibrierenden, melodischen Laute des angeschrammten Cellos den Raum erfüllten.

Hinterher, bei einem Empfang im Direktionszimmer der Gesellschaft, die das Konzert gesponsert hatte, saß Rostropowitsch in einem bequemen Sessel, und sein Langhaardackel wand sich auf seinem Schoß herum, kroch an seinem Arm empor. Ein Public-Relations-Mann steckte den Kopf zur Tür herein. »Wollen Sie eine Zeitung für den Hund?« fragte er. »Wozu?« entgegnete der Cellist. »Er kann nicht lesen.«

Rostropowitsch hatte sich in seinem Heimatland des gleichen Mittels auf größerer Ebene bedient, um gegen ein tyrannisches Regime zu protestieren. Er hatte die Werke von Dmitrij Schostakowitsch und Sergeij Prokofjew gefördert, als sie bei den sowjetischen Behörden in Ungnade gefallen waren. Er hatte nicht nur einen offenen Brief verfaßt, um Alexander Solschenizyn in seinem Recht zu unterstützen, »die Wahrheit zu schreiben, wie er sie sieht«, sondern den freimütigen Autor und dessen Familie auch in einem kleinen Haus auf seinem Landbesitz untergebracht. Solschenizyn lebte dort 1970, als er den Nobelpreis für Literatur bekam. Diese Taten kosteten Rostropowitsch seine Staatsbürgerschaft, trieben ihn ins Exil und hätten beinahe seine Laufbahn zerstört. Trotzdem handelte er so – und darum geht es.

Ich saß einmal im Büro eines Mannes, den ich für einen Wirtschaftsartikel interviewte. Das Jackett seines Anzugs hing über der Stuhllehne. Er neigte sich vor und sprach begeistert von seiner Arbeit, als plötzlich die Sekretärin ins Zimmer platzte.

»Er ist wieder da. Herr ... ist wieder da«, sagte sie. »Er kommt gleich zur Tür herein!«

Der Mann erbleichte. Er sprang auf und zog sein Jackett an. Kleine Schweißperlen erschienen auf seiner Stirn, Furcht kroch in seine Augen. Er starrte mich an, offensichtlich in der Hoffnung, ich würde ebenfalls mein Jackett anziehen. Das Gespräch ging weiter, aber die Atmosphäre hatte sich verändert. Er saß jetzt völlig steif da; ich mußte ihm die Informationen eine nach der anderen aus der Nase ziehen. Später erfuhr ich, daß der Chef des Mannes bestimmt hatte, alle Beschäftigten müßten während der Arbeit Jacketts tragen, keine Ausreden, keine Ausnahmen, keine Befreiungen.

Während ich so auf dem Sand von Miramar dahinschlendere, finde ich es einfach, Urteile über Ereignisse zu fällen, die lange zurückliegen. Doch mir drängt sich die Frage auf, wie ich reagieren würde, säße ich heute in der Falle jenes Mannes. Würde ich Aufhebens von der Sache machen? Würde ich mich wehren, vielleicht mit Kündigung drohen? Oder würde ich mich der demütigenden Verordnung meines Chefs beugen und Tag für Tag am Arbeitsplatz sein mieses Gebot einhalten?

Mich versetzt die Überlegung in erschrecktes Staunen, welchen Mut es doch von uns erfordert, so zu leben, uns so zu verhalten, wie wir wollen, der Mensch zu sein, der wir sein wollen. Die Welt ist voller Leute, die uns davon abhalten möchten, die Lieder zu singen, die wir singen wollen, die Bilder zu malen, die wir malen wollen, die Steine hüpfen zu lassen, die wir hüpfen lassen wollen. Einige von ihnen sind Chefs, andere sind Beamte in tyrannischen Regimen – und wieder andere sind unsere Mütter, Väter, Lehrer, Ehemänner oder Ehefrauen, die aus welchen Gründen auch immer versuchen, in uns die Lebenskraft zu ersticken, die uns zu dem macht, was wir sind. Wir haben jedoch eine Wahl: Wir können die Macht ihnen geben, oder wir können sie uns selbst geben.

Einige wenige unter uns wissen das offenbar intuitiv ab einem sehr frühen Alter; die übrigen müssen es durch harte Erfahrungen lernen. Der tiefe, ständig wachsende Hunger der Seele ist da; er wird nicht verschwinden – und wir bezahlen jedesmal einen hohen Preis, wenn wir ihn in den hintersten Winkel unseres Seins zurückdrängen. Nach und nach verblassen die Farben, und die Musikklänge verschwinden aus unserem Leben.

Mit einemmal wird mir bewußt, daß ich auf einem großen Stein am Wasserrand hocke. Ich erinnere mich nicht an mein Eintreffen hier, aber ich weiß, daß ich mich automatisch auf die flache Oberseite dieses Felsbrockens setze, wenn ich hier vorbeikomme. Als ich mich zurücklehne, sprudeln aus mir Worte in die Morgenluft.

Am Ufer, das sich um die Küste rundet
Von Deal bis ganz nach Ramsgate hin,
Da hab auf einem Felsen ich entdeckt
'nen alten Mann von der Marin'...

Zum erstenmal begegnete mir »The Yarn of the Nancy Bell« (Das Seemansgarn von der Nancy Bell), das von dem Dichter W. S. Gilbert stammt, in der fünften Klasse. Der schwingende Rhythmus gefiel mir damals so gut, daß ich es auswendig lernte – und nie mehr vergaß. Im Lauf der Jahre kam es mir zu den verrücktesten Momenten wieder in den Sinn, genau wie jetzt, als wollte es mich an die Musik von Worten erinnern:

Sein Haar war mager, sein Bart war lang,
Und mager und lang war auch er;
Und ich hörte den Wicht am Strand ein Gedicht
In seltsamem Mollton sagen daher ...

Für mich besteht kein Zweifel, daß dieser ältere Seemann und ich ein und dieselbe Person sind und daß wir durch eine außerhalb von uns wirkende Kraft an diesen Ort hier geführt wurden, um Bummlern und Passanten die Geschichte zu erzählen, die wir erzählen müssen:

Ach, ich bin ein Smutje und Kapitän kühn,
Und der Maat von der Nancy, der Brigg,
Und ein Bootsmann adrett und ein Seekadett
Und dazu die Crew von des Käptens Gig.

Ich rezitiere laut und gestikuliere wild, ohne zu merken, daß eine Frau und ein kleines Mädchen von hinten herankommen. Als ich die beiden sehe, halte ich ein. Das Mädchen, nicht älter als drei, schaut mir ins Gesicht.

»Bist du verrückt?« fragt sie.

Ich habe jetzt einen Punkt im Leben erreicht, an dem ich Verrücktheit für eine Tugend halte, vielleicht das erste Anzeichen von geistiger Gesundheit.

»Ja, ich bin verrückt«, sage ich.

Sie lacht mit dem ansteckenden Lachen eines Kindes. Ich habe dieses Lachen in mir. Es steigt gluckernd hoch, und ich lache auch.

11

Der Brandungsfischer

Der Wind hat sich nach Süden gedreht, und vom Meer weht leichter Nebel herein. Der Strand wirkt desolat, über ihm liegt ein Gefühl der Verlassenheit, als sei die menschliche Bevölkerung aus Angst vor drohendem Unheil auf höheres Land geflohen. Ich spüre es selbst, in einer Vorahnung, weiß aber weder, woher es kommen, noch was es sein wird.

Unten am Strand sehe ich durch das Nebelnässen einen einzelnen Fischer. Er trägt einen Südwester, einen gelben Regenhut und hüfthohe Stiefel, die er über seine Jeans gezogen hat. Sein Anblick beschwört in mir ein vergrabenes Bild aus meiner Vergangenheit, denn ich war einst selbst ein Brandungsfischer. Ich bleibe stehen, um mit ihm zu plaudern.

Er erzählt mir, daß er bereits neun Barsche gefangen hat und entschlossen ist, vor dem Kentern der Tide noch einen weiteren an den Haken zu bekommen. Seine Ausrüstung ist einfach: eine schlanke Bambusrute und eine leichte Rolle zum Aufwickeln der Schnur. Er wirft seinen Ringelwurm in die Brecher, spult die Schnur langsam auf und reißt die Rute plötzlich mit einem Ruck über die Schulter.

»Hab' einen!« sagt er.

Seine Rute biegt sich fast bis zum Bruchpunkt; seine Spinnrolle ist zu leicht für den Fisch – falls das, was am anderen Ende hängt, tatsächlich einer ist. Das Ding kämpft nicht wie ein Adlerrochen oder ein Streifenbarrel; es scheint unter dem Wasser zu liegen, ist vielleicht hinter einem Stein gefangen, träge wie ein Kabeljau oder ein Büschel Riementang.

Der Angler steckt seine Rute in eine Eisenspitze im Sand und beginnt seine Monofilschnur einzuholen, Hand über Hand, Stück für Stück. Ich schaue angestrengt auf den Punkt, wo die Schnur ins Meer eintaucht, in der Hoffnung, daß das, was schließlich zum Vorschein kommen wird, aufregender ist als ein Klumpen Seegras. Nach einer Weile zeigt sich, daß der Mann eine Schnur erwischt hat, die einem anderen, mittlerweile längst verschwundenen Angler verlorengegangen ist. Seine eigene Schnur kommt zuerst zum Vorschein; am Haken ist ein Barsch, und ein roter

Krebs hängt am Führungsring. Er wechselt auf die fremde Schnur über, zieht Haken und Senker den Strand herauf. Was wir sehen, verblüfft uns beide. Ein zweiter Barsch hängt fest am Haken, und eine gesprenkelte Groppe mit stachelbesetzter Flosse und einem weiten Maul, die wahrhaftig wie eine prähistorische Kreatur aussieht, hat die kleinere Beute am Schwanz erfaßt und versucht sie zu verschlingen.

Der Brandungsfischer kniet auf dem Sand und starrt ungläubig auf seinen Fang. Mit einem einzigen Wurf hat er drei Fische und einen Krebs erwischt. Der Krebs läßt den Laufring los, und der Mann läßt ihn ins Meer zurückkriechen. Aber die zwei Barsche und die Groppe behält er.

»Ich bin fünfundsechzig«, sagt er zu mir. »Ich angle seit fünfzig Jahren in der Brandung, aber so was habe ich noch nie gesehen. Voriges Jahr hatte ich einen Herzinfarkt.« Er schlägt sich auf die Brust. »Zuviel Corned beef und Kohl, Steaks und Eier. Jetzt esse ich Fisch, den ich selber fange.«

Erwärmt von seiner Überschwenglichkeit, setze ich meinen Streifzug am Strand fort. In einiger Entfernung von der Küste taucht ein Brauner Pelikan kopfüber ins Wasser. Näher am Land fliegt eine Raubseeschwalbe im Zickzack über den Wellen. Noch weiter landeinwärts taucht eine Trauerente in letzter Sekunde unter den Kamm einer Welle. Sie alle sind Brandungsfischer, holen sich das, was sie zum Überleben brauchen, aus dem Meer.

Früher einmal, als ich in Manhattan arbeitete, ging ich in das exklusive Sportgeschäft Abercrombie & Finch, das damals in der Madison Avenue war. In einer der oberen Etagen fand ich den Angelexperten des Geschäfts. »Ich bin am Brandungsfischen interessiert«, sagte ich. »Was empfehlen Sie mir?«

Der großgewachsene, gebieterische Mann richtete sich zu seiner vollen Länge auf. »Brandungsangeln«, erwiderte er.«Wozu wollen Sie das machen? Es ist die unproduktivste Art des Angelns, die es gibt!« Ich ging und betrat das Geschäft nie wieder.

Was ich suchte, fand ich in einem baufälligen Laden für Köder und Angelgerät am Pier der Küstenstadt, in der ich wohnte. Der ältliche Besitzer nahm mit seinen verkrümmten Fingern eine Glasrute und musterte sie prüfend.

»Die hier ist neun Fuß lang«, sagte er. »Das ist alles, was Sie brauchen. Manche Angler wollen eine elf, zwölf oder sogar dreizehn Fuß lange Rute. Sie glauben, daß sie bis nach England werfen müssen, um einen Fisch zu fangen. Aber Sie müssen bloß die Brecher erreichen. Denn dort suchen die Blauen und die Gestreiften Nahrung.«

Er befestigte Korkgriffe sowie eine Halterung für die Rolle und umwickelte die Führungen. Ich befestigte eine Spinnrolle, eine Leitschnur und einen künstlichen Köder und machte vom Rand des Docks einen Probewurf. Die Rute hatte genau die richtige Biegsamkeit, nicht zu weich, nicht zu steif. Sie war wie für mich geschaffen.

Meine Karriere als Brandungsangler begann auf der langen, spitz zulaufenden Sandbank, die sich vor der Südküste Long Islands zum Atlantik hin erstreckt. Vom September bis Ende November gingen mein guter Freund Bob Behn und ich jeden Samstagmorgen über den Damm zum Meeresufer, suchten den Horizont nach fressenden Möwen ab und warfen unsere Köder in das schäumende Wasser vor den Brechern. Bob, der mein Lehrer war, hatte eine feste Regel, von der wir nur selten abwichen.

»Wirf dreimal von einer Stelle«, sagte er bei unserem ersten Ausflug. »Wenn nichts anbeißt, geh fünfzig Schritte weiter den Strand hinauf und wirf wieder dreimal. Wirf und gehe, wirf und gehe. Das ist der einzige Weg.«

So machten wir es. Woche für Woche, Jahr für Jahr führten Bob und ich unseren herbstlichen Pilgerzug zu den Fischgründen an der Südküste durch. Woche für Woche, Jahr für Jahr warfen und gingen wir, warfen und gingen wir vom frühen Morgen bis zum Nachmittag. Und Woche für Woche, Jahr für Jahr kehrten wir ohne Fisch nach Hause zurück.

Ich kann jedoch nicht behaupten, daß diese langen Tage in der Herbstsonne unproduktiv gewesen seien. Zwischen den Würfen gab es häufige Pausen mit Gesprächen und Überlegungen, die unglaublich fruchtbar waren.

Manchmal lehnten Bob und ich uns an die Leeseite einer Düne und erörterten die Erzählungen, die wir gelesen hatten, die Erzählungen, die wir schreiben wollten. Bob, ein Englischlehrer und ein Literaturfreund, hatte mir eine Anthologie mit Kurzgeschichten gegeben und drängte mich, ihm zu sagen, was ich darüber dachte.

Ich muß in dem Band ein Dutzend Geschichten gelesen haben, aber eine blieb mir besonders im Gedächtnis haften. »Old Red« von Caroline Gordon läßt einen nicht los. Es ist die Geschichte von Maury, einem Süßwasser-Angler, der in den Augen seiner Familie sein Leben mit Köderfliegen wegwirft. Die Angehörigen drängen ihn, nützliche, produktive Arbeit im Sinne der Allgemeinheit zu leisten, doch er weigert sich, sein Leben zu ändern und sich von ihnen zermürben zu lassen. Tag für Tag wandert er zu einem Teich hinab, wirft seine aus Federn gefertigten Köder mit perfekter Genauigkeit über das ruhige Wasser und zieht Flußbarsche und Brassen heraus.

»Was bedeutet das?« fragte Bob. »Was glaubst du, bedeutet es?«

Die Geschichte sprach mich zwar stark an, aber was sie bedeutete, wußte ich wirklich nicht. Ich angelte zwar, aber ich wußte keineswegs, warum ich angelte, warum Mister Maury angelte, warum oder zu welchem Zweck Menschen angelten.

»Vielleicht ist er einfach besessen vom Angeln«, antwortete ich. »Vielleicht ist das alles, was uns die Autorin zu sagen versucht.«

»Ich glaube, Mister Maury angelt«, meinte Bob, »weil er das Verlangen hat, sein Leben ganz zu machen. Das Fliegenwerfen ist seine Kunst, sein Handwerk, sein Mittel, sein Ziel, seine Arbeit, sein Spiel. In seiner Welt gibt es keine künstlichen Grenzen. Er gleicht den Regenpfeifern, die an der Küste Nahrung suchen. Sie stochern, ruhen, waten, fliegen; sie brauchen keinen Urlaub, um sich zu regenerieren. Ihr Leben besteht aus einem einzigen Stück, und darum sind sie die ganze Zeit über voll lebendig.«

An diesem Tag angelten wir länger als sonst. Es war Mitte November, der Nordwind blies uns auf den Rücken, und wir wußten, daß wir bis zum nächsten Herbst nicht mehr hierher kommen würden. Die ganzen Mittagsstunden und den frühen Nachmittag hindurch warfen wir unsere Köder dreimal in die Brecher, gingen am Strand fünfzig Schritte weiter und warfen wieder dreimal. Bei jedem Wurf dachte ich an Mister Maury und die vielen Fische, die er aus seinem kleinen Teich holte. Ich dagegen hatte hier den weiten Atlantik zu Füßen und schaffte es nicht, irgend etwas zu fangen.

Die Sonne stand schon halb unten am Himmel, als Bob sich zu mir wandte. »Was würdest du davon halten, Schluß zu machen?« Er nahm seinen Köder ab, gab ihn in seine leinerne Schultertasche und schnappte die Schnur in eine der Führungen.

»Nur noch einen Wurf«, entgegnete ich.

Er lachte. »Das sagst du immer.«

Ich nahm meinen Metallköder ab und befestigte einen Holzpfropfen. Warum ich das tat, weiß ich nicht; es war weder Können noch Intuition. Ich hatte kein Spezialwissen, das mir sagte, ein hüpfender Pfropfen sei besser als ein glänzender Köder. Ich warf hoch über das schäumende Wasser, und der Pfropfen landete mit einem sichtbaren Spritzer. Fast sofort sah ich Bewegung, einen dunklen Wirbel unter dem Pfropfen, und ich wußte, daß dies kein gewöhnlicher Fisch war. Er schnappte nach dem Pfropfen; ich stieß einen heulenden Schrei aus und riß die Rute hoch, um den Haken zu setzen.

Was nun folgte, war die reinste Panik. Bob sprang auf und ab, sagte mir, ich solle die Rute weiter so nach oben halten, die Rollenbremse festmachen, die Rollenbremse lockern, ihm mehr Schnur geben, ihn heranholen, die Nerven behalten, mich beeilen. Mehrere

Male dachte ich, der Fisch sei mir verlorengegangen, dann spulte ich wie wütend die Schnur auf, bis ich sein kraftvolles Ziehen von neuem spürte. Mit Hilfe einer Welle zog ich ihn schließlich an Land.

»Es ist ein Streifenbarrel«, rief Bob. »Mein Gott, der ist ja riesig!«

Als ich ihn am Strand hatte, schaffte er es irgendwie, vom Haken zu kommen. Er lag auf dem nassen Sand, lang wie ein Meterstab, und zappelte wütend. Bob und ich standen da, starrten den gewaltigen Kerl an, unfähig, irgend etwas zu tun. Wir waren all diese Tage, all diese Jahre hierher gekommen, um einen Fisch zu fangen, und jetzt, wo uns das endlich gelungen war, hatten wir nicht die leiseste Ahnung, was wir mit ihm anfangen sollten. Eine Welle schlug auf den Strand, umspülte den Fisch, und der schwamm zurück ins Meer.

»Er ist weg«, sagte Bob.

»Ja«, sagte ich, »er ist weg.«

Wir trotteten den Strand hinauf, unsere Angelruten über den Schultern, und fuhren schweigend heim.

Im folgenden Frühjahr nahm Bob eine Lehrerstelle im Mittelwesten an, und im Frühsommer zog er um. Ich angelte jedoch weiter. Ich kaufte kurze Brandungsruten für meine Söhne Jeff und Keith, die alt genug zum Angeln waren, und nahm sie mit an den Strand, sobald die Blaufische und die Streifenbarrels zu schwärmen begannen. Ich warf weiterhin Blinker und Pfropfen, die Jungen aber ließ ich mit natürlichen Ködern, Metallködern oder Sandwürmern angeln. Ihnen stand das Glück zur Seite, sie holten von Anfang an Kugelfische, Flundern und Rote Knurrhähne heraus. Lange vor dem Ende der Saison erklärten sie sich zu besseren Anglern als mich.

Das waren sie damals, und das sind sie heute noch. Doch das Meer ruft uns auf verschiedene Arten.

»Der Unterschied zwischen Dad und mir ist«, sagt Keith, »daß ich gern Fische fange.« Er fährt mit seinem kleinen, schleppbaren Motorboot vor Südkalifornien auf den Pazifik hinaus, ein Sortiment von Ruten und Rollen an Bord, um gerüstet zu sein für das, was an dem betreffenden Tag gerade beißt. Er fährt in der Morgendämmerung los, stoppt bei einem Köderkahn und hält dann auf die Ölbohranlagen zwanzig Meilen vor der Küste zu. Hat er dort kein Glück, versucht er es an einem anderen seiner Lieblingsplätze – und fast immer schafft er es, bis zum frühen Nachmittag seine Quote an Bonitos, Sandbarschen, Goldmakrelen und Gelbschwänzen zu fangen.

Keiths Kühltruhe ist voller Fische. Wenn ich auf Besuch komme, bereitet er mir über glühenden Kohlen.ein köstliches Mahl zu.

Mit seinem Urteil hat er recht. Seine Art zu fischen ist nicht die meine; die Gründe, warum es uns ans

Meer zieht, sind nicht die gleichen. Er wirft die Schnur, um Fische zu fangen, ich aber werfe sie nach etwas anderem aus. Ich weiß nicht genau, was. Es liegt verborgen unter der Oberfläche, vielleicht auf dem Meeresboden, ein Gegenstand, den ich vor langer Zeit verlor. Es kann ein Federmesser sein oder ein abgeschabter Baseball-Fanghandschuh.

Ich habe die Geschichte bereits erzählt und werde sie, glaube ich, immer wieder erzählen. Meine Eltern starben, als ich noch ein Kind war, und mit ihrem Tod verschwanden die Zugänge zu all jenen, die vor mir kamen. Ich war schon längst ein Mann, als ich endlich den Mut fand, ihren Weggang aus meinem Leben zu betrauern, und seit der Zeit versuche ich alle die verlorenen Erinnerungen wiederzubeleben, die mich mit meiner Vergangenheit verbinden.

Der Vater meiner Mutter, Henry Isidore Lewis, war ein leidenschaftlicher Angler. Ich habe in meinem Familienalbum eine Aufnahme von ihm, von Izzy. Er steht im Atelier eines Fotografen vor einer Kulisse, in einer Hand seine Angelrute, in der anderen einen riesigen Streifenbarrel, um sich für die Nachwelt ablichten zu lassen. Den Hut hat er keß ein Stück zurückgeschoben, unter dem Rand ist eine Strähne seines weichen weißen Haars hervorgerutscht und fällt ihm in die Stirn. Seine Miene ist ernst, als sage er: *Ich möchte, daß sich die Welt so an mich erinnert.*

Großpapa nahm mich einmal zum Angeln von einem schmalen Steg in der Sheepshead Bay mit; wir fingen nichts. Er brachte mir an dem Tag ein Sinngedicht der Fischer bei, das mir im Gedächtnis haften blieb.

Weht der Wind von Norden her,
Beißt kein einzger Fisch im Meer.
Weht der Wind von Osten,
Will kaum ein Fisch den Köder kosten.
Weht der Wind von Süden,
Beißt der Fisch zufrieden.
Weht der Wind von Westen,
Beißt der Fisch am besten.

Ich machte nie die Feststellung, daß das Sprichwort absolut wahr ist, doch absolute Wahrheit ist nicht das, was ich suche.

Vor einigen Jahren gab mir die jüngere Schwester meiner Mutter, damals hoch in den Achtzigern, eine Kopie von Großpapas Sterbeurkunde. Darin stand, daß er 1870 in New York City geboren war. Ich blätterte *The Oxford History of the American People* durch, auf der Suche nach einigen Anhaltspunkten, die mir halfen, seine Zeit in ihrem ganzen Ausmaß zu erfassen. Zu meiner Verwunderung stellte ich fest, daß er das Licht der Welt erblickt hatte, während Ulysses S. Grant Präsident der Vereinigten Staaten war, vor der ersten elektrischen Straßenbahn, vor der Schlacht am Little Big Horn. Mich macht der Gedanke traurig, daß alle Erinnerungen meines Großvaters mit ihm starben, daß sie in Vergessenheit gesunken sind und nie mehr hervorgeholt werden können. Da gibt es etwas, das ich hätte tun sollen, aber nicht getan habe. Hätte ich daran gedacht, ihn nach seinem Leben zu fragen, als er noch lebte, könnte ich nun derjenige sein, der diese Erinnerungen weitergibt.

Großpapa besaß Goldmünzen; er bewahrte sie in einer Schreibtischschublade auf und holte sie von Zeit zu Zeit hervor, um sie mir zu zeigen. Er sagte, daß sein Vater den Goldrausch von 1849 miterlebt habe – und daß die Münzen aus dieser Zeit stammten. Ich weiß nicht, was mit ihnen passiert ist. Sie verschwanden vor Jahren. Vielleicht angle ich in der Brandung nach ihnen. Vielleicht versuche ich, diese alten Münzen heraufzuholen.

Als ich vor mehreren Jahren das schottische Hochland bereiste, fuhr ich mit einem Ausflugsboot durch den Caledonian Canal in den Loch Ness. Die Wolken hingen tief, und dichter Nebel verdeckte mir die Sicht auf die Küste. Ich stand allein auf dem Vordeck und blickte über das dunkel werdende Wasser. Ich konnte spüren, daß das Ungeheuer dieses weit nördlich gelegenen Sees unter der Oberfläche lauerte, und ich erwartete, an Ort und Stelle gebannt zu werden, während wir in dem kalten Gewässer kreisten, wo es lebte. Es erschien nicht.

Stunden später, als das Boot an seinen Ankerplatz glitt, stand ich noch immer am selben Fleck. Ich ging am Ufer des River Ness in die Stadt zurück, fest entschlossen, eines Tages wieder hierher zu kommen. Am folgenden Morgen bestieg ich einen Frühzug nach Aberdeen – doch mein Bedürfnis, das Ungeheuer von Loch Ness zu sehen, verschwand nicht. Und jetzt, während ich im Sand von Miramar meine Streifzüge unternehme, stelle ich fest, daß die mythische Kreatur nach wie vor bei mir ist.

Das Federmesser, der bunte Schusser, der Baseball-Fanghandschuh, die Goldmünzen, alles dies ist in meiner Erinnerung verschmolzen und jetzt eins. Alle diese verlorenen Teile meines Lebens sind untergegangen, sind zusammen mit der Schlange der Seen und Meere in der Tiefe vergraben. Das ist es, was mich mit Rute und Rolle an den Rand des Ozeans zieht. Ich werfe die Rute nicht nach Fischen, sondern nach Leviathan.

Obwohl ich Leviathan nie gesehen habe, weiß ich, daß das Ungeheuer keine eigene, getrennte Identität besitzt. Es ist ein verborgener Aspekt von mir, ein Teil meiner verborgenen Natur, und ich möchte es an die Oberfläche holen, damit ich es offen anblicken und mich so zu einem Ganzen machen kann.

Über Miramar geht feiner Nieselregen nieder, der

sich auf mein Haar legt. Doch in meinem Schritt ist Leichtigkeit, während ich meinem eineinhalb Kilometer entfernten, Schutz bietenden Strandhaus zustrebe. Ich werde mich nicht beeilen; ich werde so schnell und nicht schneller gehen, selbst wenn es zu schütten anfängt. Mir ist, als hätte ich eine Bürde abgeworfen, die mich lange niederdrückte.

Der Wind ist heftig, und wir haben Flut. Ich schaue in die Brecher; der Drang zu angeln kommt wieder über mich. Ich möchte meinen Köder nicht wegen des gewaltigen Ziehens, sondern wegen des Knabberns am Ende der Schnur auswerfen. Wenn ich Glück habe, könnte es sein, daß ich einen Barsch oder eine Groppe fange.

Mir fällt die neun Fuß lange Rute ein, die sich vor vielen Jahren so perfekt für meine Zwecke eignete. Hätte ich sie jetzt, könnte ich sie herrichten und sofort zu angeln beginnen. Dann erinnere ich mich, daß ich sie bei meinem Sohn Jeff an der anderen Küste gelassen habe.

Nachdem ich im Strandhaus eingetroffen bin, wähle ich eine Nummer für ein Ferngespräch. Jeff meldet sich. Ich frage ihn, ob er die Rute noch hat. »Natürlich habe ich sie noch, Dad«, antwortet er. »Ich habe sie erst neulich benutzt.« Er erzählt mir, daß er seinen fünfjährigen Sohn Trevor an eben jenen Strand mitnahm, wo Bob und ich Jahre zuvor geangelt hatten. Jeff fing einen Roten Knurrhahn, und Trevor spulte ihn an Land. »Jetzt will er«, sagt Jeff, »daß ich ihn jeden Tag dorthin bringe.«

Ich gehe auf meine Veranda hinaus und beobachte die Brandung, die hoch aufläuft und gegen die Küste schlägt. Der Regen prasselt jetzt nieder, durchnäßt mich bis auf die Haut, aber das ist mir gleichgültig. Mir ist einzig bewußt, daß Vergangenheit, Gegenwart und Zukunft verbunden sind. Von Großpapa Izzy bis zum Enkel Trevor sind es fünf Generationen, und wir alle sind Angler, Fischer.

12

In den Sand geschrieben

Der Wind frischt von Südosten her auf, ist feucht und kühl. Um die Mittagszeit, eine Stunde vor dem Gedenkgottesdienst, ist der Hafen voller Menschen. Die Menge schart sich um das Steindenkmal, das Handelsfischern gewidmet ist, die auf See verschollen sind. Jetzt wurden es vier mehr. Für mich sind sie Fremde, aber ihre Namen haben sich unauslöschlich in die Tafel meines Geistes eingegraben, als seien sie Mitglieder meiner Familie oder meine engsten Freunde:

Kirk Pringle, 40
Alex Kovack, 34
Joe Fischer, 53
Los Bronsema, 72

Wer waren diese Männer – Pringle, Kovack, Fischer, Bronsema –, und warum sollte ihr Tod mich dermaßen beeindrucken? Ich weiß nichts über sie außer dem, was ich in der Zeitung gelesen habe oder aus zufälligen Gesprächen auf dem Pier auffange. Krabbenfischer waren sie, erfahre ich, gute Männer, häusliche Männer, engagiert in der Gemeinschaft.

Sie fuhren an einem Morgen mit zwei Booten hinaus – Pringle und Kovack an Bord der *Lisa*, Fischer und Bronsema auf der *Best Girl*. Die rote Flagge wehte hoch über dem Hafen, und die meisten Fischer blieben dort. Doch diese vier liefen aus. Böiger Südwind wehte; die Dünungswellen rollten von Norden heran. Beide Boote gerieten in einen Strudel. Ihre schweren Krabbenreusen rutschten von einer Seite zur anderen. Die Boote brachen auseinander und sanken.

Am jenseitigen Ende des Piers spielt ein Dudelsackpfeifer; es klingt traurig, klagend, wie der Ruf eines Regenpfeifers. Die Angehörigen, die den Hafen schon früher auf einer Flotte von Fischerbooten verlassen haben, streuen Blumen ins Meer. Jetzt, nachdem die private Zeremonie zu Ende ist, kommen sie wieder zurück. Die Boote fahren durch das Brackwasser, laufen in den Hafen ein, machen an ihren Liegeplätzen fest. Die Trauernden steigen aus und folgen dem Sackpfeifer zu dem Steindenkmal. Sie nehmen ihre Plätze ein, mitten zwischen Buketts und Blumenkränzen. Ein mit Blüten umflochtener Anker hängt vor ihnen, jenseits des Denkmals, an einer hellblauen Wand.

Die Menge, wohl hundert oder mehr Menschen, steht hinter ihnen. Auch ich stehe da, schaue nach einem vertrauten Gesicht aus. Ich sehe niemanden, den ich kenne. Ein Priester erscheint, benutzt das Denkmal als Postament. Er hält einen kurzen Nachruf und intoniert dann die Namen der umgekommenen Männer. Nach jedem Namen läutet ein junges Mädchen eine Schiffsglocke, die tief und lang über den Pier hallt.

Ein ortsansässiger Dichter singt eine Fischerballade. Eine Frau, die bei zwei Unfällen den Mann und einen Sohn ans Meer verloren hat, bittet um Glauben an den Erlöser und das ewige Leben. Mütter und Väter, Ehefrauen und Töchter, Söhne und Brüder, Schwestern und Freunde stehen auf und versuchen über ihren Schmerz zu sagen, was Worte nicht auszudrücken vermögen. Der Gottesdienst endet mit »Amazing Grace«.

Ich schlendere durch den Hafen, betrachte die Schiffe und Boote. Irgendwo an einem dieser schwimmenden Piere sind zwei leere Liegeplätze. Wo sind die *Lisa* und die *Best Girl* jetzt? Wo sind die Männer, denen sie gehörten, die mit ihnen hinausfuhren, und wo sind ihre Gefährten? Mich verblüfft die Ungleichheit im

Leben der Männer. Einer stirbt mit vierunddreißig; ein anderer wird mehr als zweimal so alt wie er.

Meine Gedanken gehen ein halbes Jahrhundert zurück, zum Tod meiner Mutter. Ich erinnere mich an das blasse Gesicht einer Frau in einem Sarg, einer Frau, die gar nicht wie meine Mutter aussah, und ich erinnere mich, daß der Raum in der Leichenhalle stark nach Parfüm roch. Ich nahm eine Rose von der Bahre meiner Mutter; hinterher legte ich sie zwischen die Seiten einer Bibel. Jahre später stieß ich im Buch der Psalmen auf die gepreßte Blume. Ich hielt den Stengel zwischen den Fingern, drehte ihn und dachte an meine Mutter, daran, was für eine Art Frau sie war.

In meiner Kindheit brachte sie mir bei, wie man Speichel unter die Oberlippe preßte und damit zum Zeichen der Verachtung zischte. Sie berührte meine Zehe, mein Knie, meine Brust, meinen Kopf und nannte mich »Zehenknie Brustbirne«. Sie setzte mich hinten auf ein Fahrrad und strampelte durch die Straßen von Manhattan Beach, wo sie aufgewachsen war, winkte den Leuten, die sie kannte, und lächelte ihnen zu. Das sind die Zeichen ihrer Tage, das Vermächtnis, das sie mir hinterließ.

Ich warf die vergilbte Rose weg; sie konnte das Gewicht all dieser Erinnerungen nicht tragen. Was ich bewahrte, schätzte, war das Bild meiner lebenden Mutter. Jetzt möchte ich dieses Bild weitergeben, an meine Kinder, an die Kinder meiner Kinder, denn Erinnerung ist das, was ich von der Mutter habe, die mich gebar.

Die Tragik des Lebens ist jedoch, daß meine Mutter im unaufhaltsamen Lauf der Geschichte in Vergessenheit geraten wird, genau wie ich in Vergessenheit geraten werde, genau wie die vier Fischer in Vergessenheit geraten werden. Denn wer sollte sich die Mühe machen, alle jene im Gedächtnis zu bewahren, die vor mir kamen, wenn ich einmal verschwunden bin? Das Tragische am Tod ist nicht, daß ich sterbe, sondern daß ich im Sterben das letzte Zeugnis von jenen mitnehme, die in meiner Erinnerung an Vergangenes weiterleben.

Wenn ich gegangen bin, was werden meine Nachfahren sagen? Werden sie sich an meine kleinen Taten erinnern, an jene, die mir am wertvollsten sind? Werden sie sich erinnern, daß ich einst eine Slup segelte, eine Kleinstadtzeitung herausgab, meine Tochter das Lesen lehrte? Und was wird geschehen, wenn meine Nachfahren sterben? Was wird mit ihren Erinnerungen an mich geschehen?

Ich wohnte einmal in einem Haus auf einem Hügel, das über einem kleinen Friedhof lag und aus der Zeit um 1800 stammte. Immer wieder einmal stieg ich über die niedrige Steinmauer und wanderte zwischen den Gräbern umher, studierte die verwitterten, altmodischen Inschriften auf den Grabsteinen der dort beerdigten sechs Menschen. Ich versuchte der Beziehung zwischen ihnen auf die Spur zu kommen, mir vorzustellen, was ihnen widerfuhr, als sie lebten. Doch der Wind eines Jahrhunderts hatte den Grabinschriften so zugesetzt, daß ich kaum die Namen entziffern konnte.

Wer waren diese Fremden, die ihre letzte Ruhestätte in meinem Vorgarten hatten? Erinnert sich heute noch jemand an sie: an ihre Geburtsdaten, ihre Eheschließungen, den Klang ihrer Stimmen, die Art, wie sie gingen? Sie wohnten eine Zeitlang am Fluß des Lebens, führten ihren Tanz auf, säten ihren Samen, und das einzige, was nun von ihnen bleibt, sind kahle Granitgrabsteine am Fuß eines Hügels.

Sie sind nur sechs unter den ungezählten Millionen, die seit der Entstehung der Menschheit gekommen und gegangen sind, keine Spur hinterlassen haben, keine fossile Erinnerung an ihr vorübergehendes Hiersein. Könige, Kaiser, Zaren, Präsidenten – über sie haben wir Berichte in unseren Geschichtsbüchern. Wir kennen den Barden, der *Hamlet* schrieb, den Musiker, der die *Eroika* komponierte, den Mathematiker, der die Gravitationskraft von Himmelskörpern berechnete. Wir kennen ihre Namen; wir kennen ihre Werke. Doch obwohl sie so berühmt sind, wissen wir wenig über das Gefühlsleben, das sie Tag für Tag führten: über ihre Hoffnungen für sich selbst, ihre Ehrgeize für ihre Kinder, jene täglichen Handlungen, die sie mit dem größten Stolz erfüllten. Und von der breiten Masse der Menschen wissen wir überhaupt nichts.

Ein enger Freund von mir überlebte vor einem guten Jahrzehnt einen schweren Herzinfarkt. Als es ihm besser ging, besuchte ich ihn auf seiner Farm im Zentrum des Staates New York. Der kleine, kräftige Mann war in seinem Leben immer von großer Abenteuerlust erfüllt gewesen, nie ängstlich, immer bereit, etwas Neues zu erwägen, zu untersuchen und auszuprobieren. Dreißig Jahre lang war er Geschichtslehrer an einer High-School gewesen. Als er in den Ruhestand ging, kaufte er sich etwa zweitausendfünfhundert Hektar erstklassiges Weideland und begann, als Experiment, Beefalos zu züchten, die teils Bisons, teils Rinder waren. In seiner Freizeit malte er und spielte Zugposaune; außerdem kandidierte er für den Kongreß (er verlor mit neun Stimmen) und leitete eine medizinische Klinik in der Gemeinde.

Ich hatte gefürchtet, der Herzinfarkt könnte ihn bremsen, doch er war nach der Krankheit lebendiger als zuvor, wenn das überhaupt ging. Bei meiner Ankunft kam er zur Haustür herausgelaufen, einen Eimer in jeder Hand. Er trug dieselbe rote Schirmmütze, die er immer auf hatte, um seine Augen zu beschatten, und sein Bart, jetzt schneeweiß, war genauso buschig wie früher.

Wir schlenderten zusammen an Hecken entlang, pflückten Brombeeren, aßen einige, warfen aber die meisten in unsere Eimer, hielten von Zeit zu Zeit inne, um die Landschaft zu betrachten, die Silos, die Scheunen, die zwischen die welligen Hügel geschmiegten Farmhäuser. Während wir müßig plauderten, drehte er sich plötzlich zu mir um und fragte: »Was denkst du über den Tod?«

Ich stand da, den baumelnden Eimer an der Seite, schaute ihn lange an, nicht wissend, was ich sagen sollte. Die Frage brachte mich aus der Fassung, ich war verblüfft, daß er sie in einem Augenblick stellte, in dem ich Brombeeren, nichts als Brombeeren im Sinn hatte. Mir war nicht danach, über den Tod zu diskutieren, weder den seinen noch den meinen, daran erinnert zu werden, daß es ihn gab, daß er auf uns wartete. Doch mein Freund hatte dem Tod ins Gesicht geschaut, er wußte, daß dieser ihn jede Minute niederschlagen konnte, darum war es ihm nicht möglich, einfach weiterzuleben, als gebe es keinen Tod.

Er spürte mein Unbehagen und ließ das Thema fallen. Wir gingen weiter die Hecke entlang und pflückten Brombeeren, bis unsere Eimer voll waren.

Ich würde mir allerdings wünschen, mein Freund wäre jetzt hier bei mir, nach dem Gedenkgottesdienst für die Fischer. Inzwischen habe ich im Leben einen Punkt erreicht, wo ich bereit bin, die Frage zu beantworten, der ich seinerzeit beim Brombeerpflücken auf seiner Farm unbedingt aus dem Weg gehen wollte. Was denke ich über den Tod? Ich würde meinem Freund sagen, gerade das ständige Sichbewußtsein des Todes gebe dem Leben Sinn. In dem Moment, in welchem wir das Gefühl für unsere Sterblichkeit verlieren, unterliegen wir einem Tod anderer Art, und der ist weit schlimmer als jener, den wir fürchten.

Ich habe eine Wahl, eine, vor der jeder Mensch steht. Ich kann ein oberflächliches Leben führen und versuchen, andere zu beeindrucken mit dem Haus, in dem ich wohne, den Kleidern, die ich trage, dem Auto, das ich fahre. Ich kann danach streben, erfolgreich im weltlichen Sinne zu sein, die Bewunderung anderer suchen, mich in ihrem Neid und ihrer Eifersucht sonnen. Ich kann probieren, die Herrschaft über meine Angehörigen und Arbeitskollegen zu erlangen, in dem vergeblichen Bemühen, meine eigenen Mängel zu verbergen. Ich kann nach Ruhm trachten, was die sinnloseste aller Bestrebungen ist, denn Ruhm hat keine Substanz und löst sich bald in Luft auf.

Ich kann mich endlosem Geschwätz über meine Freunde und Nachbarn hingeben und damit meine Energie nach und nach verbrauchen. Ich kann mich im Selbstmitleid suhlen und mich weigern, die Verantwortung für meine eigenen Lebensumstände zu übernehmen. Ich kann, wie es die Art aller kleinen Tyrannen ist, andere manipulieren, so daß sie für mich sorgen. Ich kann mich über Langeweile beklagen, als seien die Menschen in meiner Umgebung dafür zuständig, Aufregendes in meine Tage zu bringen.

Das ist der Daseinszuschnitt der lebenden Toten, jener Menschen, die das Leben aufgegeben haben, die bereit sind, ihr kostbarstes Geschenk zu verschleudern, weil sie sich weigern, der Realität des Todes ins Auge zu sehen. Hätten sie den Wunsch zu leben, wirklich zu leben, würden sie sich in einer selbst herbeigeführten Wiederauferstehung erheben und sich dem Leben hingeben, das sie haben.

»Das ist die wahre Freude im Leben«, schrieb George Bernard Shaw in der Widmung seiner Komödie *Mensch und Übermensch*, »das Benutztwerden für einen Zweck, den man selbst als höchst bedeutsam anerkennt, das Erschöpftwerden, bevor man auf den Abfallhaufen geworfen wird; eine Naturkraft zu sein, statt ein fiebernder, selbstsüchtiger kleiner Klumpen aus Wehwehchen und Kümmernissen, der sich darüber beschwert, daß die Welt sich nicht hingebungsvoll bemüht, ihn glücklich zu machen.«

Ich habe keine Möglichkeit, in Erfahrung zu bringen, ob die vier Fischer Shaws Worte kannten. Doch ich frage mich, warum sie an diesem verhängnisvollen Morgen ausliefen, statt zu warten, bis der Wind nachließ und die Wellen an Höhe verloren. Sie hatten zusammen mit den anderen Krabbenfischer drei Wochen lang gestreikt, um höhere Preise für ihren Fang zu erzielen, und auf dem Pier kursierte das Gerücht, sie hätten finanziell schwer unter Druck gestanden. Aber ich bin sicher, daß weder sie noch ihre Familien verhungert wären, hätten sie noch einen Tag abgewartet.

Ich muß einfach glauben, daß nicht das Geld diese Fischer hinaustrieb, sondern ein Drang, ein Ruf, eine weit tiefere Leidenschaft. Die vier waren wie eine Naturkraft. Nachdem sie drei Wochen an Land vertrödelt hatten, konnten sie dem starken Zweck ihres Lebens nicht länger widerstehen.

Ich verlasse den Hafen und schlage den Heimweg ein, der hinten herum führt, vorbei an dem Bootsslip, an dem felsenreichen Brackwasser und die Sandküste entlang. Die See ist ruhig, kaum eine Kräuselung auf der Wasseroberfläche, doch ich kann den Wind hören, und hinter dem Wind höre ich das dunkle Tuten eines Nebelhorns. Es tutet noch einmal, dann wieder und wieder. Ich weiß, daß es den ganzen Vormittag hindurch in regelmäßigen Intervallen erklungen ist, wie gewöhnlich, aber ich habe es erst jetzt in mein Bewußtsein dringen lassen.

Mir kommt der Gedanke, daß das Nebelhorn einem fernen Todesruf gleicht. Ab und zu höre ich es, doch die meiste Zeit über verbanne ich es weit hinab auf den Grund meines Wesens und gehe herum, als existiere es nicht. Doch es existiert, es ruft mich, genau wie die See diese Fischer rief, und zu gegebener Zeit wird es mich einfordern, genau wie es sie eingefordert hat.

Ich frage mich, wieviel Zeit mir noch bleibt. Eine weitere Minute, eine weitere Stunde, ein weiterer Tag? Vielleicht breche ich zusammen, bevor ich mein Strandhaus erreiche, und mache meinen letzten Atemzug hier auf dem Sand von Miramar. Vielleicht aber habe ich noch ein ganzes Leben vor mir; ich kann doppelt so alt werden, wie ich jetzt bin. Keine Möglichkeit, Gewißheit zu erlangen, und wenn ich sie hätte, würde das nichts ändern. Das einzig Wichtige ist, daß ich nicht vor der Angst kapituliere.

Jetzt erkenne ich, daß ich eine Aufgabe habe, eine größere als all die Arbeiten, die man Herkules übertrug. Sie verlangt von mir, daß ich im Reichtum des jeweiligen Augenblicks lebe, weil das alles ist, was ich je haben oder kennenlernen werde. Erst wenn ich mir der Endlichkeit meines Lebens voll bewußt bin, beginne ich zu leben. Sobald ich dieses Bewußtsein verliere, unterliege ich dem Kleinlichen und der Schinderei, und die kostbaren Sekunden entgleiten mir.

Ich halte nach Anzeichen für Leben Ausschau und sehe sie überall. Hoch oben auf der Klippe über mir hockt eine exotische Behausung, die der Fotograf, der darin wohnt, selbst gebaut hat. Ich bleibe stehen, um sie zu bewundern, was ich schon häufig getan habe. Manchmal sieht sie wie eine norwegische Stabkirche aus, manchmal wie ein Schintoschrein und manchmal wie ein klinkergebautes Boot, das die Wellen durchpflügt. Eine holzgeschnitzte Frauenfigur mit nacktem Busen sitzt rittlings auf dem Dach, die Arme zum Himmel ausgestreckt.

Etwas später stoße ich auf einen Jungen und ein Mädchen, die im Sand etwas bauen, dem Anschein nach ein Seebad. Sie laufen immer wieder ans Wasser, ziehen Seepalmen heraus und stecken die Stengel um die äußere Umgrenzung ihres Bauwerks, mit den unkrautartigen Klumpen nach oben, so daß sie tropischen Bäumen ähneln, die im Wind schwanken.

Ein Stück weiter baut sich ein bis zur Taille nackter, braungebrannter und ziemlich schmutziger Bildhauer ein Treibholzdenkmal aus den Dingen, die ans Ufer geschwemmt worden sind. Er verwendet alles, was er findet.

Mitten in seiner schiefen Zufluchtsstätte, einer Art Schuppen, sitzt eine ausgestopfte, voll Wasser gesogene Puppe in einer Seilschaukel. Ich kann den Bildhauer bei seiner Arbeit brummen hören. »Warum nicht! Warum nicht!« sagt er, als er einen weggeworfenen Watestiefel mit gelber Spitze von einem rostigen Nagel abhängt.

Noch weiter am Strand entlang entdecke ich einen Hügel mit einer Delle in der Mitte. Zwei Ringe umgeben ihn, ein innerer aus Mittagsblumenblättern und ein äußerer aus glänzenden Muscheln.

Auch Kritzeleien gibt es, die in der Gezeitenzone noch intakt sind. Im feuchten Sand finde ich ein abgebrochenes Ticktacktoe-Spiel. Das X konnte gewinnen, ebenso die 0, aber ich weiß nicht, wer am Zug war.

In der Nähe lese ich eine Botschaft: *Alles Gute zum Geburtstag, Daddy!* Sie ist in kindlicher Schrift geschrieben. Unweit davon steht: *Lindsay, geht es dir gut?*

Und kurz danach heißt es: *Pamela war hier! Amelia war hier! Claudia war hier!* Drei Erklärungen, eine unter der anderen, von einem Herz umschlossen.

Und noch ein Stück weiter das nicht unterzeichnete Testament:

Ich bin hier!

Ich bleibe stehen, knie nieder und schreibe darunter:

Ich bin auch hier!

Die Flut steigt. In einer kleinen Weile werden die Wellen meine Bemerkung wegspülen. Aber jetzt hat mich ein Bedürfnis übermannt, meine Gegenwart zu bekräftigen, damit die Welt weiß, daß ich hier vorbeigekommen bin.

13

Segler vor dem Wind

Der Himmel verdunkelt sich, und der Wind weht mit Sturmstärke, treibt die See gegen das Land. Als er abflaut, hinterläßt er einen Strand, der mit durchsichtigen blauen Quallen übersät ist. Ich sehe, wie sie in den Brechern umherpurzeln, auf den Sand schweben und sich zu Tausenden an der Hochwasserlinie niederlassen. Mehrere Tage hindurch werden sie an die Küste gespült.

Diese kleinen Quallen heißen Segler vor dem Winde und werden auch Segelquallen genannt, weil sie ein kleines Segel haben. Ein Ruder besitzen sie jedoch nicht, sie können also nicht steuern. Weil sie unfähig sind, ihren Kurs selbst zu bestimmen, werden sie über die Weiten des Pazifik geweht, manchmal in der einen, manchmal in der anderen Richtung, je nach der Richtung des Windes.

Ich schöpfe einige in eine Muschelschale und nehme sie mit zu meinem Strandhaus, wo ich sie auf dem Geländerbrett der Veranda ausbreite und lange gründlich studiere. Sie sind nicht größer als mein Daumen und sehen aus wie winziges Plastikspielzeug, das mittels einer einzigen Form in Massenproduktion hergestellt wird. Ich schaue übers Meer, sehe sie aber weiterhin, als hätte ich sie auf die Leinwand meines Geistes gemalt. Sie segeln in großen Flotten ziellos dahin, segeln mit der Brise.

Meine Gedanken schweifen ab, zurück zu einem heißen Sommernachmittag in den Pocono Mountains. Ich bin mit einem Freund aus den College-Tagen zusammen, einem Mann mit dem ehrfurchtgebietendsten Intellekt, dem ich je begegnete. Wir sitzen vor seinem in den Hügeln gelegenen Zuhause nebeneinander an einem perlenförmigen Swimmingpool. Immer wieder rutschen wir ins Wasser, um uns abzukühlen. Dazwischen reden wir über unseren beiderseitigen Wunsch, uns von unseren Frauen scheiden zu lassen.

Jeder von uns war vor vielen Jahren bei der Hochzeit des anderen, jeder von uns glaubte damals, seine Ehe werde ewig halten. Jetzt, mehr als ein Vierteljahrhundert später, gestehen wir einander, daß unsere Ehen wackeln; keiner von uns weiß, was tun.

Unser Gespräch ist sehr intim; eine Zeitlang erzeugt es das Gefühl, wir könnten einander helfen, den nötigen Mut zum Handeln zu finden. Mein Freund hat eine vorgewölbte Stirn, als sei in seinem Schädel nicht genügend Platz, um sein Gehirn aufzunehmen. Ich warte geduldig auf Worte der Weisheit, Worte, die mir Hoffnung machen. Plötzlich hebt er resignierend die Arme. »Siehst du das denn nicht«, sagt er, »Menschen wie du und ich lassen sich nicht scheiden.«

In den folgenden Monaten beendete ich meine Ehe. Er blieb in der seinen gefangen, versank immer tiefer in Zorn und Verzweiflung, wurde im Strom der gesellschaftlichen Konvention festgehalten, hatte Angst davor, sein Gelübde zu brechen, Angst vor dem, was andere sagen könnten. Trotz seiner Gescheitheit schaffte er es nicht, einen Weg zu finden, um freizukommen. Ein Jahr nach unserem Gespräch am Pool erlitt er einen schweren Schlaganfall. Kurz darauf starb er.

Meine Gedanken schweifen noch weiter zurück. Ich bin zwölf und im Haus meiner Tante und meines Onkels, die über mich die Vormundschaft haben. Es läutet an der Tür. Meine Tante macht auf; ein Nachbar beschwert sich darüber, daß von dem Kies, der in unsere Zufahrt gekippt worden ist, einiges in seinen Garten fiel. Meine Tante gerät in Erregung. Sie reagiert, als sei etwas Schreckliches passiert und sie habe die Schuld daran.

»Das tut mir leid«, sagt sie. »Ich werde es ...« Sie hält mitten im Satz inne, als stünde sie am Rande eines Abgrunds. Ich warte im Hintergrund, neugierig darauf, was sie sagen wird. Sie fängt von vorn an: »Ich werde es – von dem Jungen – wegräumen lassen.« Damit scheint der Nachbar einverstanden zu sein. Er macht kehrt und zieht ab.

Ich gehe in die Garage und schnappe mir eine Schaufel. Kein großes Stück Arbeit. In zwanzig Minuten habe ich den Kies dort aufgehäuft, wo er sein soll. Aber bei jeder Schaufel erklingen in mir die Worte meiner Tante: »Ich werde es von dem Jungen wegräumen lassen.« Der Junge bin ich.

Meine Tante kochte für mich, machte für mich sauber, gab mir ein Dach über dem Kopf. Alle diese Dinge tat sie, weil ich ein Kind ihrer toten Schwester war und sie sich verpflichtet fühlte, mich bei ihr aufzunehmen. Sie erfüllte jeden Tag ihre Pflicht mir gegenüber und verlangte dafür meine Dankbarkeit. Ihr wurde nie klar, daß eine auf Pflicht basierende Beziehung keine Beziehung ist. Was Liebe, Zuneigung, Rücksichtnahme und Sorge für sie waren, weiß ich nicht; solche Dinge erwähnte sie nie. Ihr Pflichtgefühl erdrückte sie dermaßen, tötete ihre Empfindsamkeit dermaßen ab, daß sie nicht imstande war, mich als *mein Neffe, mein Junge* zu bezeichnen – mich als ihr zugehörig wahrzunehmen.

Mein Freund und meine Tante waren in praktisch jeder Hinsicht verschieden, doch diesen einen Zug hatten sie gemeinsam: Sie konnten ihren Kurs nicht ändern. Beide arbeiteten hart daran, den Eindruck zu erzeugen, standhaft zu sein, Menschen zu sein, die ihre Pflichten erfüllten. In meinem Leben gab es eine Periode, wo ich die beiden so sah. Jetzt aber kommen sie mir wie ruderlose Segler vor dem Winde vor, die keine Kontrolle über die Richtung ihres Lebens haben.

Ich gehe in meinem Strandhaus zu einem Bücherregal, nehme einen Gebietsführer für die Pazifikküste heraus und schlage unter *Segler vor dem Winde* nach. Beschrieben wird ein flacher, scheibenförmiger Stamm mit einer gekammerten Gasflasche, einer großmäuligen Freßröhre, umgeben von mehreren Reihen an Fortpflanzungskörpern und zahlreichen blauen Tastern um den Rand herum. Ich nehme einen anderen Führer heraus, der von einem Meeresbiologen stammt. »Verschiedentlich betrachtet man sie als Kolonien medusenähnlicher Individuen, Personen genannt …«

Das unvermittelte Auftauchen des Wortes *Personen* mit all seinen menschlichen Begriffsinhalten verblüfft mich. Ich stelle die Führer ins Regal zurück und gehe wieder an den Rand des Meeres. Die *Personen* purzeln noch immer in den Brechern umher und werden an die Küste gespült. Ich lasse mich auf dem Sand nieder und schließe die Augen. Die Sonnenwärme sickert in meine Knochen; mein Geist schwebt frei. Ich stelle mir Konvois von hellblauen Formen vor, die über ein randloses Meer treiben. Während sie vor dem Winde segeln, werden sie in Menschen verwandelt, die ich gekannt habe – Menschen, die aussahen, als wüßten sie genau, wohin sie sich bewegten.

In meinen jüngeren Jahren habe ich dies nicht bemerkt, aber jetzt ist es mir klar. Jene Menschen, die am resolutesten zu sein scheinen, völlig selbstsicher, sind oft diejenigen, die ihren Weg verloren haben. Sie eilen umher, wenden ungeheure Energie auf, um der Welt ein Bild von sich zu präsentieren, das wir als wahr akzeptieren sollen; doch nach einiger Zeit nutzt sich das Bild ab, es wird dünn, und wir sehen in die angsterfüllte Seele drinnen.

Wir stoßen überall auf sie, diese Meister der Selbsttäuschung, die andere genauso täuschen wie sich selbst. Die meisten sind sogenannte gewöhnliche Menschen; sie leben im Haus über der Straße oder arbeiten im Büro unten am Ende des Gangs. Weil sie um sich eine Aura der Selbstsicherheit, der Bestimmtheit verbreiten, steigen einige von ihnen in höhere Positionen auf.

Sie herrschen von der Manager-Suite aus; sie predigen von der Kanzel; sie laufen um das Fußballfeld. Hier haben wir die Räuberbarone, die ein Vermögen mit verwässerten Aktien und wertlosen Bonds machen. Hier haben wir die bombastischen Prediger, die den blinden Glauben ihrer Anhänger ausbeuten. Hier haben wir die hochgeehrten Sportler, die Frauen verprügeln.

Eine Zeitlang führen sie uns in die Irre. Sie glänzen als Helden, als Götter; wir erkennen ihnen magische Kräften zu, um die Mängel auszugleichen, die wir bei uns selbst sehen. Eines Tages dann finden wir heraus, daß wir trotz all unserer Schwächen, all unserer Fehler, all unserer Mängel die Starken und sie die Schwachen sind.

Hier draußen auf dem Sand von Miramar, weit entfernt von den Gegenden, wo Menschen um Reichtum und Macht wetteifern, kann ich mir etwas eingestehen, was ich mir bisher nicht einzugestehen vermochte: Ich bin verwirrt; ich weiß nicht auf jede Frage, mit der ich konfrontiert werde, eine Antwort.

Früher sah ich diese fehlende Gewißheit in mir als Zeichen der Schwäche an. Ich sehnte mich nach absoluter Wahrheit, einer Ideologie, etwas, das jede Eventualität in meinem Leben abdeckte und mir sagte, was ich denken und wie ich mich verhalten sollte. Auf der Suche danach las ich große Dichter und Philosophen: Laotse, Thoreau, Tolstoi, Whitman, Shaw. Ich versammelte sie mit all ihren Widersprüchen, Paradoxien und Disharmonien in mir. Wie ich herausfand, hatte jeder ein Stück Wahrheit für mich, und ich konnte in Momenten, in denen ich es nötig hatte, auswählen. »Widerspreche ich mir?« Walt Whitman schrieb: »Nun gut, dann widerspreche ich mir eben (ich bin groß, ich enthalte Vielheiten).«

Jetzt erkenne ich, daß Verwirrtsein gleichbedeutend ist mit Starksein. Verwirrung zwingt mich, meine Situation zu beurteilen, vorsichtig vorzugehen, meinen Fortschritt zu bewerten und meinen Kurs zu ändern, während ich vorwärts gehe. Es gibt kein Dogma, keine Ideologie, keine absolute Wahrheit, auf die ich zurückgreifen könnte. Der größte Teil meiner Lebensspanne verstrich, bis ich damit zu Rande kam. Doch als es mir gelang, wurde ich frei, gewann ich die Freiheit, die Welt zu erforschen und selbst herauszufinden, was ich glaube.

Ich stieß auf Männer und Frauen, die endlos an der Dogma-Krankheit leiden. Die Symptome sind deutlich erkennbar, im Klang der Stimme, im Verziehen der Lippen, im Runzeln der Augenbrauen. Ich würde ihnen gern sagen, wie befreit sie sich fühlten, wie heiter sie wären, fänden sie nur den Mut, loszulassen. Doch ich weiß, daß sie, was immer ich auch sage, an ihrem Credo festhalten, mit all ihrer Kraft, weil sie zuviel Angst haben, sich der Wirklichkeit, den Zufällen des Lebens zu stellen und selbst Entscheidungen zu treffen.

Nur die Schwachen glauben, Antworten auf alle Fragen zu haben; nur die Schwachen steigen auf die Bühne der Öffentlichkeit, stolzgeschwellt, voller leerer Redensarten. Nur die Schwachen sagen anderen, was sie denken und wie sie handeln sollen, und zwar auf der Basis ihrer Ideologie. Nur die Schwachen streben danach, Demagogen zu sein.

Hitler behauptete, die absolute Wahrheit zu kennen. Desgleichen Mussolini, desgleichen Stalin. Sie waren die Schrecken meiner Jugend, Männer mit dem Blut von Millionen an ihren Händen. Töten, morden, abschlachten – das bedeutete nichts für diese Despoten, denn sie hielten an einer absoluten Wahrheit fest, die nach ihrer verzerrten Sicht ihre Taten heiligte.

Wir in den Vereinigten Staaten hatten Glück; in unseren schlimmen Zeiten, wenn es gelegentlich aussah, als könne unser Volk nicht überleben, tauchten wirkliche Führer auf wie aus dem Boden gewachsen, Führer mit echtem Denkvermögen und Sinn für das richtige Verhältnis. Ich denke an jene, die wirklich groß waren: Thomas Jefferson, Abraham Lincoln, Franklin Roosevelt. Sie waren keine Ideologen, keine Konservativen oder Liberale, keine Kapitalisten oder Sozialisten, weder Falken noch Tauben. Sie waren pragmatische Männer, die mit gesundem Menschenverstand Lösungen für die dringenden Probleme ihrer Zeit suchten: Tyrannei, Sklaverei, Erhalt der Union,

Weltwirtschaftskrise nach dem Schwarzen Freitag, Weltkrieg.

Sie waren in ihrem öffentlichen und ihrem privaten Leben nicht immer konsequent. Sie konnten verschlagen sein, sogar berechnend, wenn sie es für nötig hielten. Sie agierten höchst politisch, warteten den günstigen Zeitpunkt zum Reden ab, den geeigneten Zeitpunkt zum Handeln. Alle diese Merkmale akzeptiere ich, als Zeichen ihrer Menschlichkeit. Ich bewundere diese Männer, weil sie nicht von den Winden der Ideologie vorangetrieben wurden, sondern von etwas Tieferem, Tiefergehendem. Ihr Mitgefühl war es, das die Welt veränderte – nicht ihr Credo, nicht ihre Doktrin, nicht ihr Dogma.

Ich sehne mich nach Führern, die nicht irgendeiner Partei oder einem Credo ergeben sind. Doch statt ihrer bekomme ich Fanatiker, religiöse wie politische, die öffentliche Podien besteigen, über die Ätherwellen herrschen und verkünden, sie hätten die Lösung für alle Probleme, von denen die Menschheit geplagt wird. Vielleicht steckt hinter den von ihnen vertretenen Doktrinen nur ein Sinn, ein einziger Sinn: Selbsterhöhung. Sie spinnen ein Netz der Täuschung, um die Aufmerksamkeit auf sich zu lenken.

Zu kämpfen gilt es also nicht um Macht, nicht um Reichtum, nicht um Ruhm. Zu kämpfen gilt es um Authentizität. Darum, ohne Betrügerei zu leben, ohne listige Verschlagenheit, ohne Rechtsverdrehung, damit wir jene Männer oder Frauen werden können, die zu sein wir geboren sind. Ich sage das jetzt, als hätte dieser Gedanke seinen Ursprung in mir, aber ich entlieh ihn von Polonius, der ihn aussprach, lange bevor ich des Wegs kam:

Dies über alles: Sei dir selber treu,
Und daraus folgt, so wie die Nacht dem Tage,
Du kannst nicht falsch sein gegen irgendwen.

Polonius soll ein an Sprüchen reicher alter Narr gewesen sein, und so wird er fast immer gespielt. Doch das ist lediglich eine List von Shakespeare, sein Test für den Theaterbesucher, Sie und mich. Er legt seine Worte der Weisheit nicht Königen und Prinzen in den Mund, sondern Clowns, Spaßmachern und Possenreißern.

Es gibt Menschen, die meinen Aufenthalt auf dem Sand von Miramar als anomales Verhalten ansehen, als einen Weg, dem Druck der Welt zu entfliehen. Ein Freund fragte unlängst in einem Brief, ob es nicht an der Zeit sei, aufzuhören mit »diesem Müßiggang, diesem Sichtreibenlassen. Wann wird das alles enden? Wohin wird das alles führen?« will er wissen. Ich schicke ihm eine Ansichtskarte, danke ihm für seine Besorgnis und versichere ihm, daß es mir gutgeht. Auf seine Frage gehe ich nicht ein, aber die Antwort steht leuchtend in meinem Gehirn: Es wird hinführen, wohin es eben führt. Es wird enden, wann es eben endet.

Allein an diesem Strand hier, in die Brecher schauend, bin ich mir meiner Bestimmung sicherer denn je. Ich lasse mich nicht treiben. Ich bewege mich nach Plan, bin mir des wimmelnden Lebens rund um mich bewußt, ebenso der Wahlen, die ich zu treffen habe: wann widerstehen, wann akzeptieren, wann den rechten Augenblick abwarten.

Jene Menschen, denen die Worte des Polonius nicht bekannt sind, die ihrer Natur nicht treu sind, die von Kräften außerhalb ihrer selbst angetrieben werden – sie sind es, die sich in der Welt treiben lassen. Wenn der Wind seine Richtung ändert, ändert sich die ihre auch.

Ich stehe auf und gehe zwei, vier, fünf Kilometer, wate in der Brandung, die kleinen Quallen streifen meine Beine, werden über meine Füße gespült. Mir scheint, daß es an meinem Strandstreifen mehr Segler vor dem Winde gibt als Menschen auf der Welt. Die unglücklichen Wesen sammeln sich zu langen, gewundenen Wülsten auf dem Sand, wo sie vertrocknen und sterben.

14

Die Sphinx der Küste

Immer wieder denke ich an Paul Gauguin. Wenn ich am Strand sitze und seine Tagebücher lese, stelle ich fest, daß seine Reise ins Paradies sich nicht sonderlich von der meinen nach Miramar unterschied. Als junger Mann geriet er in große Beunruhigung und verlor für eine Zeitlang seinen Weg.

Gauguin war erst dreiundzwanzig, als ihm ein Freund der Familie eine Stellung bei einem Börsenmakler besorgte. Er war erst fünfundzwanzig, als er Mette Sophie Gad heiratete, eine ordentliche, prüde Dänin. Die beiden bekamen in zehn Jahren fünf Kinder, die er sehr liebte.

Doch er hatte die falsche Stellung, die falsche Frau und lebte zur falschen Zeit.

Als er einunddreißig war, malte er *Mette nähend*, ein trauliches häusliches Porträt. Sie sitzt an einem Tisch, die Figur von einem weiten Kleid verborgen. Nur ihr Gesicht und ihre Hände sind unbedeckt. Etwa zur gleichen Zeit malte er die *Aktstudie, Suzanne nähend*. Die füllige Frau auf dem Gemälde, ein Modell von Beruf, sitzt auf kühlen weißen Laken am Rand eines Bettes und stopft etwas, das wie ein schleieriges Unterkleid aussieht. Eine schöne Mandoline hängt im Hintergrund vor einer Purpurwand und gibt dem Ganzen eine verführerische Note. Ein Kritiker bezeichnete Suzanne als »eine Frau unserer Zeit«. Mette verabscheute das Gemälde so sehr, daß sie sich weigerte, ihm im Haus einen Platz zu geben.

Gauguins berufliche Laufbahn ließ sich nicht gut an. Er und Mette zogen von Paris nach Rouen, dann in ihr heimatliches Dänemark. Er wechselte von der Börse ins Bankwesen über, dann zum Verkauf von Ölzeug. Doch das Verlangen zu malen war da, war von Anfang an da gewesen und konnte nicht unterdrückt werden. Voller Erregung und Zweifel, gefangen zwischen Kunst und Kommerz, malte er weiter, denn dies war das einzige Leben, das er kannte.

Über ihn herrscht die Vorstellung, er sei eines schönen Tages plötzlich nach Papeete abgereist, habe sich vom Geschäftsmann in den Künstler verwandelt und Frau und Kinder mit einem impulsiven Sprung verlassen. Doch sein Weg zu den üppigen tropischen Inseln Ozeaniens verlief keineswegs so direkt. Gauguin ging von Dänemark nach Paris, nach Großbritannien, nach Martinique, kehrte dann nach Paris und Großbritannien zurück. Er war bereits Anfang Vierzig, als er endlich Tahiti erreichte, den einen Ort auf Erden, wo er sich zu Hause fühlte.

Dort, in dem Land der Düfte, malte er, wie es seinem Verlangen entsprach, in Dschungelfarben, Papageienfarben, in Violetts, dunklen Blaus, Scharlachrots, orange getönten Gelbs und reichen Goldnuancen. Er malte die Landschaft, die Frauen der Landschaft, ruhig und statuenhaft, unverdorben von der europäischen Zivilisation, wohnhaft in einem prächtigen Reich irgendwo zwischen der tatsächlichen Welt und der Geisterwelt. Er malte in Armut, in Krankheit, im Fieber. Er trieb sich nicht zum Malen, genausowenig, wie er sich zum Atmen trieb. Er malte, weil es undenkbar war, nicht zu malen.

Kurz nach seiner Ankunft im Jahr 1891 malte er *Vahine No Te Tiare* (Frau mit einer Blume im Haar), eines seiner ersten Porträts von einer Eingeborenen. Es ist unvergeßlich: Der schöne dunkle Kopf hebt sich von einem leuchtend gelben Hintergrund ab, eine weiße Blume ist in ihrem schwarzen Haar kaum sichtbar. Sie trägt ein dunkelblaues Kleid mit weißen Manschetten und weißem Kragen, die sich von einer Scheibe in

Sonnenuntergangsrot abheben. Grüne Blätter und weiße Blüten flattern wie Schmetterlinge um ihren edlen Kopf, und sie hält einen grünen Zweig überaus zärtlich zwischen ihren gekrümmten Fingern.

Er schrieb über *Vahine No Te Tiare* in *Noa Noa*, dem Bericht über seine beiden ersten Jahre im Paradies:

Ich arbeitete hastig – voll Leidenschaft. Es war ein Porträt, das dem treu war, was meine Augen verschleierten, mein Herz aber richtig wahrnahm. Ich glaube, daß es vor allem anderen das offenbarte, was in ihr vorging; die starke Flamme einer zurückgehaltenen Kraft. Sie hatte eine Blume überm Ohr, die ihren Duft annahm. Ihr Gesicht erinnerte mich in seiner Majestät und mit den hohen Wangenknochen an einen Satz von Poe: »Keine Schönheit ist perfekt ohne eine bestimmte Seltsamkeit in ihrer Proportion.«

Sie ist eine Vorankündigung von Tehura, vielleicht sogar Tehura selbst, die Frau von der Insel, die sich Gauguin, dem Künstler und dem Mann hingab, ihn aus seiner Verzweiflung heraushob, so daß er vollbringen konnte, wofür er geschaffen war. Sie verlangte nichts von ihm, erwartete nichts von ihm. Sie war da, immer da, wenn er arbeitete, wenn er träumte, wartete stumm, wußte genau, wann sie sprechen und wann sie schweigen sollte, erfüllte die strohgedeckte Hütte, in der er wohnte, mit ihrem Duft.

Auf der anderen Seite der Welt wartete Mette. Verzehrt von Verbitterung, kritisierte sie die Gemälde, die er ihr schickte, verkaufte sie, ohne sie zu verstehen, und verlangte, verlangte ständig, daß er ihr Geld schicke, was er nicht hatte. In den Augen ihrer Freunde und Angehörigen war ihr Handeln gerechtfertigt, denn er hatte Tahiti, sie jedoch mußte für die Kinder und deren Ernährung sorgen.

1893 kehrte er wegen einer Ausstellung seiner Arbeiten nach Frankreich zurück, doch die Lockungen der Südsee waren zu stark, als daß er ihnen widerstehen konnte. 1895 war er wieder im Paradies, dieses Mal für immer. Doch es gab da einen Rest von Schuldgefühl, und das nagte an ihm. Er schrieb an einen Freund:

Schau, was ich mit meinem Familienleben angestellt habe; ich lief ohne Vorwarnung weg, ließ meine Familie ihre Probleme selbst lösen, dabei bin ich der einzige Mensch, der ihr irgendwie helfen könnte. Aber ich werde mein Leben hier beschließen und zwar, was mich anbelangt, in völliger Ruhe. Natürlich bedeutet dies, daß ich ein Erzschurke bin. Aber was macht das schon? Michelangelo war auch einer, und ich bin nicht Michelangelo …

Im August 1897 schrieb er an Mette:

Madame, ich bat Euch darum, daß die Kinder am 7. Juni, meinem Geburtstag, an mich schreiben sollten, »Lieber Papa«, mit Unterschrift. Ihr habt geantwortet: »Ihr habt kein Geld, rechnet nicht damit.«
Ich werde nicht sagen: »Gott beschütze Euch«, sondern realistischer: »Möge Euer Gewissen schlafen, um es Euch zu ersparen, auf den Tod als eine Erlösung zu warten.«

Seine letzten Worte an sie, ein Hammerschlag.

Ich sitze aufrecht im Sand, das Tagebuch auf meinem Schoß, und denke daran, wie ich mich fühlte, als meine Kinder klein waren. Ich war Journalist, lebte vom mageren Lohn eines Reporters, sehnte mich jedoch nach einem Zuhause für mich und meine wachsende Familie. Eine Immobilienmaklerin zeigte mir jedes Haus in meinem Preisbereich; ich sagte zu jedem nein. Eines Nachmittags dann fuhr sie mit mir eine dreibahnige Straße in einem vornehmen Stadtteil hinab und parkte vor einem weißen Haus im holländischen Kolonialstil. Das Haus hatte einen langen Mittelgang, ein konventionelles Eßzimmer, ein Wohnzimmer mit Ziegelkamin und französischen Türen an jedem Ende, durch die man in eine Vorhalle kam, ein Familienzimmer mit Eichentäfelung und ein Treppenhaus, das auf einen Absatz mit Fenstersitz führte, dann hinauf in den zweiten Stock.

Vor meiner Heirat hatte ich mich selbst für jemanden gehalten, der lieber in einer Künstlermansarde verhungern würde als den materiellen Annehmlichkeiten eines weißen Hauses mit blauen Fensterläden zu unterliegen, das so stimmig auf grünem Rasen plaziert war. Ich besaß ein kleines Erbe, das ich nun als Anzahlung benutzte. Meine Familie und ich lebten zwölf Jahre in dem Haus. Doch mein Künstlerhunger blieb, bohrte unter der Oberfläche, brannte in der Seele. Nach einiger Zeit hatte ich das Gefühl, ein Hochstapler zu sein, ein Mann, der so tat, als sei er in einem Haus daheim, das er gar nicht mehr besitzen wollte.

Fühlte Gauguin sich so, als er die Fehltritte eines jungen Mannes beging? Es gibt ein offizielles Porträt von Paul und Mette, eine Fotografie, aufgenommen im zwölften Jahr ihrer Ehe. Mette, die ein langes Kleid und eine leichte Jacke mit einem eng am Hals anliegenden Kragen trägt, sitzt steif auf einem geschwungenen Stuhl von dessen Lehne eine Quaste herabhängt. Paul, steht hinter ihr, den Körper schräg geneigt, die Beine gekreuzt, die linke Hand auf der Hüfte, die rechte an einen Stapel Bücher auf einem Tisch gelegt. Wen wollte der Künstler täuschen, als er für diese Maskerade posierte?

Gauguin hatte keine zwölf Lebensjahre mehr vor sich, als die Aufnahme gemacht wurde. Sogar damals, in seinen dunkelsten Momenten, in seinen geheimen Gedanken, muß er gewußt haben, welche Schätze er zurücklassen würde. Er muß gewußt haben, je weiter er vor sich selbst davonlief, desto mühsamer würde die Heimreise. Doch was immer der Preis war, die Reise mußte gemacht werden; sie mußte einfach gemacht werden.

Meine Gedanken werden von einem Pferd unterbrochen, das Sand hochschleudert, mir ins Gesicht, während es keine sieben Meter entfernt vorbeigaloppiert. Pferd und Reiter erscheinen so plötzlich und jagen so schnell vorüber, daß sie mir den Atem rauben. Ich beobachte, wie sie am Strand entlangrasen und im Dunst verschwinden. Ein von den Behörden am Strand aufgestelltes Schild verbietet das Reiten, aber ich sehe fast jeden Tag irgendwo hier Pferde und Reiter.

Ich gehe los, in der Richtung von Pferd und Reiter; unvermittelt tauchen sie als ein Ganzes im Dunst auf und jagen erneut an mir vorbei, diesmal in der anderen Richtung. Ich bewundere das Tier, seine Kraft, seine Gangart, und ich bewundere die Anmut des Reiters hoch oben im Sattel, der eine vollendete Haltung hat. Hinter mir jault eine Sirene.

Ich drehe mich um und sehe ein Allradfahrzeug, das von einem Parkranger gefahren wird, mit Höchstgeschwindigkeit am Strand heranrasen, tiefe Spuren im Sand hinterlassend. Das Rennen ist im Gang. Der Ranger jagt Pferd und Reiter, und Pferd und Reiter fliehen, so schnell sie können. Ich stelle mir vor, wie der PS-starke Wagen das nur ein PS starke Pferd irgendwo in dem Nebel überholt, der vom Meer hereinweht.

Während ich meinen Weg in der Gegenrichtung fortsetze, denke ich über Wahlmöglichkeiten nach, über die Geschwindigkeit, die ich für meinen Gang durch die Welt wähle.

Bei den Streifzügen am Strand gehe ich mit Menschentempo, mit drei, fünf, vielleicht guten sechs Kilometern in der Stunde. Zu Pferd galoppiere ich mit dreißig Stundenkilometern, aber ich verlasse die menschliche Dimension und trete in die Pferdezeit ein. Im Auto wechsle ich in die Verbrennungsmotorzeit über, also zu der künstlichen Uhr – Tage werden zu Stunden komprimiert, Stunden zu Minuten, Minuten zu Sekunden –, nach der ich leben muß, immer wenn ich Miramar verlasse.

Fahre ich im Auto, biegt oft ein Wagen aus einer Nebenstraße ein, ohne am Stopschild richtig zu halten. Der Fahrer hat dann auf seinem Weg nach irgendwohin zehn Sekunden gewonnen – glaubt er. Aber er reist mit einer unmenschlichen Geschwindigkeit, darum kann er nicht in Erfahrung bringen, wieviel Leben er in der Zeit verliert, die er nach seiner Meinung spart.

Wir leben in einem Zeitalter der Hysterie. Während einer von Aufregungen erfüllten Periode meines Lebens flog ich einmal am Morgen durch zwei Zeitzonen und am Abend wieder durch die gleichen zwei Zeitzonen zurück. Ich überholte mich auf dem Hin- und dem Herweg. Danach war ich tagelang benommen und desorientiert, aber ich ging herum, als sei ich gesund und als seien die Flüge sinnvoll gewesen. Mir wurde nicht bewußt, wie weitgehend der Schub des Düsentriebwerks die Bedingungen meines täglichen Lebens diktierte.

Von allen erdgebundenen animalischen Lebewesen entscheidet sich einzig der Mensch dafür, schneller zu reisen, als seine Beine sich bewegen können. Die Geschwindigkeit ist es, die uns wegführt von der Reise ins Zentrum unseres Wesens. Mir scheint, je schneller wir uns bewegen, desto abgehetzter sind wir. Die Langeweile nimmt zu; wir reagieren mit noch höherer Geschwindigkeit. Bei hundert Stundenkilometern verlieren wir jedes Gefühl dafür, wohin wir uns bewegen und wer wir sind. Wir drücken fester aufs Gaspedal, in der Hoffnung, die verlorengegangene Person irgendwo auf der Straße vor uns zu finden. Bei hundertzehn, hundertdreißig, hundertfünfzig Stundenkilometern stürzen wir kopfüber in einen Abgrund.

Wie viele Verabredungen können wir an einem einzigen Tag einhalten? Wie viele Bilder und Geräusche können wir aufnehmen, bevor wir den Verstand verlieren? Wir bewundern Bewegung, verabscheuen Ruhe, behandeln den nachdenklichen Menschen mit Verachtung. Ich habe keine Zeit, herumzusitzen und Nabelschau zu betreiben, sagt der Tatenmensch gern, ohne daran zu denken, daß der Nabel das Zentrum seines Wesens ist, der Nährpunkt, der ihn mit seiner Zukunft und seiner Vergangenheit verbindet.

Paul Gauguin floh in die Südsee. Ein paar enge Freunde verstanden ihn; alle anderen hielten ihn für exzentrisch, einen radikalen Maler von orangefarbenen Flüssen und roten Hunden. Doch er befand sich auf einer Pilgerreise besonderer Art. »Um etwas Neues hervorzubringen«, sagte er zu einem Kritiker, »muß man zur ursprünglichen Quelle zurückkehren, in die Kinderzeit der Menschheit.«

Das »Neue«, was er hervorbringen mußte, war er selbst, sein authentisches Selbst – eine Aufgabe, die dem Künstler in jedem von uns auferlegt ist. Von Krankheit zerrüttet, von Armut geplagt, voller Schmerz über den Tod seiner Tochter, begann Gauguin das Bild zu malen, das er über alle anderen stellte, als sein Meisterwerk ansah. Im Februar 1898 schrieb er an einen Freund: »Ich habe beschlossen, bevor ich sterbe, ein großes Bild zu malen, das ich im Kopf trage, und diesen ganzen Monat habe ich in einer Art ungewohnter Raserei daran gearbeitet.«

Er nannte das Gemälde *Woher kommen wir? Wer sind wir? Wohin gehen wir?* Es ist eine Allegorie, primitiv und ganz bewußt ohne jede Perspektive. Unten rechts schläft ein kleines Kind neben drei Frauen friedlich im Schatten eines tropischen Baumes; unten links sitzt eine resignierende alte Frau, den Kopf in den Händen. Dazwischen befinden sich andere Gestalten: ein Kind, das Obst ißt, eine Frau, die eine Frucht pflückt, eine andere Frau, die aufmerksam einer auf einem Steinsockel stehenden Göttin lauscht. »Das Idol«, schrieb Gauguin, »beide Arme rhythmisch und mysteriös erhoben, scheint auf das Zukünftige zu deuten.«

Die nackten Gestalten im Vordergrund stechen in leuchtendem Orange hervor. Die idyllische ozeanische Szene spielt sich jedoch an einem Fluß ab, das Meer und hinter ihm die Berge einer Nachbarinsel bilden den Hintergrund. »Trotz gewisser tonaler Übergänge ist das generelle Aussehen des Gemäldes von einer Seite zur anderen blaugrün, wie Veronese«, erklärt der Schöpfer dieses seltsamen, zwingenden Meisterwerks.

Das von den Symbolen aus Gauguins tahitischem Leben bevölkerte Werk verwirrt die Betrachter in der zivilisierten Welt, die es ungläubig anstarren. Was bedeutet der weiße Vogel, das blaue Idol, die purpurfarbene Geiß? Warum sitzt die orange Nackte mit dem

Rücken zum Betrachter und mit einem über den Kopf gebogenen Arm da? Wer sind die beiden in Purpur gekleideten Frauen in der Blätterlaube, und worüber reden sie?

In einem anderen Moment meines Lebens hätte ich mir vielleicht dieselben Fragen gestellt. Jetzt übergehe ich die Symbole von Gauguins Idylle als den am wenigsten wichtigen Aspekt seines Werkes. Für mich liegt die Kraft des Bildes nicht in dem, was es bedeutet, sondern in dem, was es ist. Es kündet von einer inneren Harmonie, die sämtliche Qualen im Leben des Malers als unwahr erscheinen läßt.

Nachdem Gauguin sein Werk vollendet hatte, ging er in die Berge und schluckte Arsen, doch die Dosis war zu gering, und er überlebte. Seine letzten acht Lebensjahre in der Südsee waren seine produktivsten: hundert Gemälde, vierhundert Holzschnitte, zwanzig Skulpturen und Holzschnitzereien. Er starb im Mai 1903, ein bettelarmer, tief verschuldeter Mensch, der nie erfuhr, wieviel die Welt ihm verdankte.

Ich schaue rund um mich; die Küste, die Dünen, die Klippen haben sich in Farbebenen verwandelt, ein Seestück, charakterisiert durch zarte Abstufungen und feine Tönungen. Grenzen verschwinden; auch ich bin in das Gemälde einbezogen. Das schmerzerfüllte Leben des Künstlers Paul Gauguin wird zum Mythos, wie es die heidnischen Götter des Olymps geworden sind, wie Prometheus, Sisyphus und Ikarus, wie Odysseus und seine schicksalhafte Reise nach Ithaka und wieder nach Hause.

Ich kehre in mein Strandhaus zurück, eine tiefe Sehnsucht irgendwo in mir. Seit Monaten durchkämme ich den Strand, sammle Muschelstücke und Steinbrocken auf. Jetzt habe ich den Wunsch, die Grenzen Miramars zu überschreiten. Ich fahre in die Stadt, zum Museum im Golden Gate Park, und wandere durch die Galerien, auf der Suche nach Gauguin. Ich kann ihn nirgends finden, aber in der Ecke eines ruhigen Raumes stoße ich auf ein Ölgemälde von Elihu Vedder mit dem Titel *Die Sphinx der Küste.*

Im Hintergrund sind Ruinen zu sehen: römische Gewölbe, ausgebleichte Knochen, Tritonshorngehäuse, der zerbrochene Rumpf eines Schiffes, eine halb vergrabene Ankerkette. Der Himmel ist düster und mit einer bedeutungsschweren rötlichen Glut überzogen, die von der untergehenden Sonne herrührt und durch eine Schicht Kumuluswolken gefiltert wird.

Im Vordergrund liegt die Sphinx ausgestreckt im Sand, sie ist kein steinernes Monument, sondern ein Lebewesen mit einem Frauenkopf und Brüsten, dazu dem Unterleib und dem Schwanz einer Katze. Ihr langes rotes Haar fällt als Pony über die Stirn; auf ihrem Gesicht liegt ein gepeinigter Ausdruck. Teils Mensch, teils Katze, reckt sie sich am Strand, die Lippen geöffnet, die Augen groß und voller Erwartung, mich mit ihrem Blick bannend.

Während ich so dastehe und sie anstarre, fällt mir die Geschichte von der Reise des Ödipus ein. Auf der Suche nach seinen Ursprüngen fährt er von Korinth nach Theben, doch als er die Tore der alten Stadt erreicht, wird ihm der Zugang von der Sphinx verwehrt, die deren Bewohner als Geiseln hält und jeden tötet, der ihr Rätsel nicht lösen kann:

Was geht auf vier Füßen, auf zweien und drein,
doch auf je mehren es geht, desto schwächer wird's sein?

Ödipus antwortet: Der Mensch – der als Kind auf allen vieren krabbelt, als Erwachsener auf zwei Füßen geht und im Alter dann mit Hilfe eines Stocks. Die Sphinx, heftig erregt, weil Ödipus das Rätsel gelöst hat, tötet sich selbst, und Theben ist gerettet.

Ich verlasse das Museum, wobei mir das Rätsel noch immer durch den Kopf geht. Draußen lehne ich mich an ein Geländer und blicke über die Stadt, auf die rote Glut des Sonnenuntergangs, die von den Hügeln reflektiert wird. Die Stadt ist modern, so modern, wie eine Stadt nur sein kann, aber ich werde mit demselben Leben-oder-Tod-Satz konfrontiert wie die Bewohner Thebens.

Das Rätsel der Sphinx ist das Rätsel des Menschen, und die von der Sphinx gestellte Frage kommt aus uns selbst. Es ist die Frage, die Gauguin stellte, als er sein Meisterwerk malte; es ist die Frage, die hinter allen Fragen steht, und wenn ich sie ehrlich stelle, werde ich eine ehrliche Antwort erhalten, wie in einem Gebet.

Es gibt so viel, was ich tun möchte, so viel, was ich erreichen möchte. Ich möchte die Werke Dostojewskis lesen; ich möchte in die Fjorde des Puget Sound segeln; ich möchte eine Frau finden, die mir Freude bringt. Heute abend geht die Sonne um 19.43 Uhr unter, morgen um 19.41 Uhr. Die Tage werden kürzer. Es gibt so viel Leben zu leben und so wenig Zeit dafür.

Einst war ich ein Kind; jetzt bin ich ein Erwachsener; bald werde ich ein alter Mann sein. Verläuft so mein Leben, in Riesensprüngen von einem Existenzstadium in ein anderes, ohne daß mir das bewußt wird, was ich jetzt erlebe? Es gab eine Zeit, in der ich mein Leben als unerbittliches Fortschreiten der Tage sah, doch das war Unsinn, eine Art Auslöschen der Zeit.

Mein Leben ist Spekulation, wie ein Kunstwerk. Ich beginne mit einem einfachen Pinselstrich, ohne zu wissen, wohin er führen wird. Ich folge meinen Ahnungen, meinen Vermutungen, meinen Instinkten; nach und nach zeichnet sich ein Bild meiner selbst ab. Ich brauche das ganze Leben lang, um das Gemälde zu vollenden, aber ich bleibe daran, ordne die Teile, ordne sie neu, trage die Formen, die Gestalten, die Farben auf, mit einem Pinselstrich nach dem anderen.

Wenn ich voll Mut und Weisheit vorgehe, erreiche ich nach und nach mein Ziel, einen Ort namens Paradies. Das ist kein Land, in dem es weder Kampf noch Schmerzen, noch Kummer gibt. Doch es ist der Ort, an dem ich mich zu Hause fühle, an dem ich sein soll.

Ich fahre in der Abenddämmerung zu meinem Strandhaus zurück. Als ich dort ankomme, ist die Sonne hinter dem Horizont verschwunden, und der Mond steigt am Himmel hoch. Ich sitze auf meiner Veranda, beobachte seine Bewegung, noch immer das Rätsel der Sphinx im Kopf. Ödipus gab seine Antwort und befreite Theben; ich gebe meine Antwort und befreie nur mich selbst. Doch ich bin zufrieden, denn ich habe heute einen Menschen gerettet.

15

Angelnde Frau am Pier

Die Frauen, die Frauen, sie sind überall, aalen sich in der Sonne, sitzen im Sand, waten im Meer. Doch nirgends sehe ich die Frau, die ich suche.

Ich gehe eine Rampe hinauf, die zum Pier führt. Ich gehe in ein Restaurant am Dock und bestelle eine Schüssel rote Fisch-Muschel-Suppe, dazu ein Glas Wein. Ich verlasse das Restaurant und schlendere den Pier hinab.

Am Ende des Piers angelt eine barfüßige Frau. Das schwarze geflochtene Haar hängt ihr in einem einzigen Zopf halb den Rücken herab. Sie trägt ausgebleichte Jeans und eine dünne ultramarinblaue Bluse, die der Wind und das Sprühwasser an ihren Körper geklebt haben.

Die Ärmel sind hochgeschoben, geben braungebrannte Unterarme frei. Sie wirft ihre Schnur über ein Geländer und spult sie langsam, geschickt auf, als wisse sie, was auf dem Meeresboden lauert.

Ich schaue in den Eimer neben ihr und versuche ihren Fang zu zählen. Sie sieht mich, sagt aber nichts. Nach einer Weile biegt sich ihre Rute. Sie setzt den Haken, holt einen Seelachs herein und läßt ihn in den Eimer fallen.

»Wie viele macht das?« frage ich.

»Acht«, antwortet sie. »Fünf Klippenbarsche, drei Lachse.«

Sie wirft wieder, mit der gleichen Natürlichkeit wie zuvor. Ich frage sie nach ihrer Rute, ihrer Spule, ihrem Köder, ihrer Schnur. Sie gibt einfache Antworten, sagt mir, was ich wissen will.

»Sie sind gut in dem Geschäft«, sage ich.

»Sollte ich wohl«, antwortet sie. »Ich betreibe es seit meiner Mädchenzeit.«

Sie beginnt zu reden, nicht zögernd, als seien wir Fremde, sondern offen und unbefangen, als gebe es gewisse Dinge, die ich über sie wissen sollte. Sie erzählt mir, daß sie Anna heißt, Portugiesin ist und ihr ganzes Leben hier am Meer verbracht hat. Ihre heisere Stimme scheint aus einem verborgenen Platz in ihrer Brust aufzusteigen, ihre Worte sprudeln voller Überzeugungskraft und Stolz hervor.

Sie angelt und redet gleichzeitig, sieht mich manchmal über die Schulter an, blickt manchmal auf ihre Schnur. Als sie endet, erzähle ich von mir, wer ich bin, wo ich wohne, warum ich nach Miramar kam. Seit meiner Ankunft habe ich es hartnäckig vermieden, mich mit anderen einzulassen, doch jetzt, während ich hier auf dem Pier stehe und mit einer Frau rede, die ich nie zuvor gesehen habe, fallen die Schranken, und die Unterhaltung fließt.

Nach einiger Zeit fällt mir auf, daß lange nichts mehr an ihrem Köder geknabbert hat.

»Die Fische sind offenbar anderswohin verschwunden«, sage ich.

»Ja«, antwortet sie. »Die Ebbe setzt ein.«

Ich schaue zu, wie sie den Haken und den Senker abnimmt und ihre Leitschnur in eine Führung schnappen läßt. Sie ergreift ihren Eimer, schaut ein letztes Mal übers Wasser, wendet sich dann mir zu.

»Kennen Sie die Chamarita?«

»Die Chamarita? Nein. Was ist das?«

»Ich werde Sie mitnehmen zur Chamarita«, sagt sie. »Dann werden Sie verstehen.«

Ich stehe auf dem Pier, schaue ihr nach, der heiserheitere Klang ihrer Stimme hallt, nachdem sie verschwunden ist, durch den leeren Raum meines Lebens.

Als ich wieder in meinem Strandhaus bin, hole ich eine Zeitschrift aus einer der oberen Schreibtischschubladen. Seit Jahren schleppe ich diese Zeitschrift mit mir herum. Ich schlage die Seite mit dem eingeknickten Eselsohr auf und schaue zum vielleicht tausendsten Mal die Aufnahme von einer Frau in einem halb durchsichtigen Hemdblusenkleid an, die von einem Pier angelt. Sie steht barfuß da, eine Brandungsrute in der Hand, im Begriff zu werfen. Sie ist mein Pin-up-Girl, obwohl ich ihr Bild nie zur Schau stellte.

Ich denke an Anna, den Moment, in dem ich sie in ihrer ultramarinblauen Bluse am Ende des Docks stehen und die mit einem Köder versehene Schnur werfen sah. War Anna alles das, was sie nach meinem Eindruck zu sein schien, oder nur ein Produkt meiner Phantasie, heraufbeschworen von meiner Sehnsucht und meinem Verlangen? *Ich werde Sie mitnehmen zur Chamarita. Dann werden Sie verstehen.*

Die Luft ist kristallklar, als Anna und ich am Strand entlang in Richtung Stadtzentrum gehen. Sie trägt ein weißes Hemd und einen roten Rock, der sich in der Morgenbrise leicht bläht. Über uns flattern Möwen am Himmel. Anna singt: »*Chama Rita! Chama Rosa! Qué bonita! Qué formosa!*«

Sie erzählt mir, die Chamarita sei das Volkslied und der Volkstanz der Portugiesen. Heute habe man die Chamarita und das Fest des Heiligen Geistes zusammengelegt. »Das ist unser Dankfest«, sagt sie, »unsere Art, Dank zu sagen für den Segen, der dem Volk der Azoren vor fünfhundert Jahren zuteil wurde.«

Sie erzählt mir, daß im fünfzehnten Jahrhundert auf den Inseln ein Vulkan ausbrach, was Hungersnot und Dürre nach sich zog. Die Menschen scharten ich zusammen und beteten, flehten den Heiligen Geist um Hilfe an. Am Pfingstmorgen ging eine große Sonne auf, und in dem Sonnenaufgang sah das Volk der Azoren ein mit Nahrung beladenes Schiff in den Hafen einlaufen.

Als Königin Isabella von dieser göttlichen Fügung hörte, ordnete sie an, daß man zu Ehren des Heiligen Geistes eine feierliche Prozession durchführe. Begleitet von ihren Jungfern, trug sie ihre Krone durch die Straßen Lissabons zu einer Kathedrale, wo sie sie als Dankesopfer auf den Altar stellte. Die Bewohner der Azoren gelobten, sie selbst, ihre Kinder und Kindeskinder würden Pfingsten feiern, indem sie Königin Isabella Dank für das Opfer sagten, das sie gebracht hatte.

Anna und ich erreichen die Stadt. Die Straßen sind für den Verkehr gesperrt worden. Es sind bereits viele Menschen da, sie sitzen auf den Randsteinen und stehen an den Ecken, Kinder laufen umher. Jeder kennt Anna, und Anna kennt jeden: den Mechaniker und seine Kinder, die Kellnerin und ihren Verlobten, die Kosmetikerin und ihren Mann, den Bankangestellten und seine Frau. Sie findet einen Platz, von dem aus wir gut sehen, eine Lücke in der Menge, genau gegenüber der Kirche Our Lady of the Pillar, wo der Umzug enden wird.

Die Prozession bewegt sich langsam, ist beladen mit Symbolen, voller Überraschungen, total ungeordnet. Ein Musikkorps mit Bläsern und Trommlern spielt das Lied »Tradition« aus *Anatevka*, dem Musical über das jüdische Leben im zaristischen Rußland. Die Spieler tragen rote Jacken, weiße Hosen und breitrandige Militärhüte mit roten und weißen Federn.

An uns vorbei ziehen Kapellen aus Miramar, Pescadero, San Gregorio, Santa Cruz und San Jose, Mädchen in weißen Capes, Mütter in geblümten Kleidern, alte Männer in grauen Anzügen. Eine Bootsladung Brot passiert uns, flankiert von Jungen in weißen Hemden und roten Schals. Ein Junge, der einen durchsichtigen Sonnenschirm hält, begleitet ein Mädchen in weißem Kleid. Das Mädchen trägt auf ihren Unterarmen ein Kissen, und auf dem Kissen sitzt eine Taube.

Drei Mädchen im Teenageralter erscheinen, gehen langsam den Weg der Prozession entlang. Die mittlere, von einer rechteckigen Blumengirlande eingerahmt, trägt eine Silberkrone. Sie hat ein weißes Kleid und ein dunkelblaues Cape an, das hinter ihr auf der Teerstraße schleift. Als sie die Kirche erreicht, löst sich die Prozession auf. Anna nimmt meinen Arm. Wir mischen uns in die wirbelige Menge. Rund um mich sprechen die Menschen portugiesisch. Die Männer wirken aufrecht, die Frauen direkt.

Wir treten zusammen in die Kirche, um die Segnung der Krone mitzuerleben. Ein Priester liest aus dem Johannesevangelium. Ich fühle mich zu den bunten Glasbildern in den Fenstern hingezogen, die mit Lichtstrahlen angeleuchtet werden: Santa Barbara, San Fernando, San Antonio, Santa Ines, San Diego, San Buenaventura, San Louis Rey. Die Gläubigen, die vielen verschiedenen Konfessionen angehören, singen »Komm heiliger Geist« und »Amazing Grace«.

Als wir die Kirche verlassen, läuft ein kleines Mädchen zu Anna, schlingt ihr die Arme um den Hals, drückt sie kurz und läuft wieder weg.

»Das ist meine Nichte«, sagt Anna. »Eines Tages wird sie die Königin sein und die Krone tragen.«

»Waren Sie je die Königin?« frage ich.

»Ja, ich war die Königin.«

Ich werde Sie mitnehmen zur Chamarita. Dann werden Sie verstehen. Sie gehört an diesen Ort hier; sie ist ein Teil von ihm, und er ist ein Teil von ihr. Trotzdem ist sie auch sie selbst, ihr charakteristisches Selbst. Sie hat ihre eigene Weise, zuzuhören, zu sprechen, ihre Gegenwart mit ihrer Vergangenheit zu verschmelzen. Sie ist eins mit sich selbst, in Eintracht mit allen Aspekten ihres Lebens.

Die Menge löst sich auf; der Verkehr beginnt wieder zu fließen. Wir wandern durch die Straßen der Stadt. Anna berührt meine Hand und deutet auf das Küstengebirge, das dank des Frühlingsregens üppig bewachsen ist; es erhebt sich im Norden und Osten, steigt am Ende jeder Avenue empor. Annas Berührung ist eine wortlose Geste, beredt in ihrer Einfachheit, und ich weiß sofort, was Anna sagen will und was sie empfindet, denn ich empfinde das gleiche.

Ein Duft, leicht wie eine Brise, schwebt in der Luft. Wir bummeln über den Blumenmarkt, der Gehsteig ist mit Farben bedeckt, als sei Pierre-Auguste Renoir höchstpersönlich in die Stadt gekommen und habe die Szene gemalt. Männer, Frauen und Kinder schlendern zwischen den überdachten Marktständen umher, machen ihre Einkäufe und tragen ihre Sträuße davon. Anna deutet auf Blumen und nennt ihre Namen, während wir vorbeigehen: Schleierkraut, Anemone, Rittersporn, Schafgarbe. Ich kaufe eine gelbe Teerose, und sie steckt sie in ihr Haar.

Gegenüber dem Blumenmarkt ist eine Gasse, und in ihrer Mitte gibt es einen Trödelladen für Bekleidung. Wir bleiben stehen, schauen in eine Auslage und gehen hinein. Der Laden ist klein, bietet kaum Platz zum Herumgehen. Die Waren sind auf Theken und Tischen gestapelt. Vor mir liegt eine Abendtasche aus schwarzem Samt, besetzt mit elfenbeinfarbenem Satin und Spitze.

Ich ergreife sie und befühle ihren mit Straß besetzten Verschluß. Die Tasche könnte meine Großmutter zu einem offiziellen Tanz mitgenommen haben – wäre meine Großmutter je zu einem offiziellen Tanz gegangen. Ich greife hinein und finde einen zusammenklappbaren Schildpattkamm mit einem schmalen, seltsam geformten Griff auf einer Seite.

Anna nimmt den Kamm von meiner Handfläche und klappt ihn auf. »Frauen konnten so ihr Haar kämmen«, erklärt sie, »und dann das Rattenschwanzende benutzen, um eine Locke zu machen.« Sie versucht es mir zu zeigen, doch ihr Haar ist zu fest geflochten. Sie reicht mir den Kamm wieder.

»Gefällt sie Ihnen?« fragt sie.

Ich lasse den Kamm in die Tasche fallen und lege sie zurück auf den Tisch.

»Nein«, antworte ich. »Abendtaschen gefallen mir nicht und Locken auch nicht.«

»Wissen Sie, was Ihnen gefällt?«

»Ja, ich weiß, was mir gefällt.«

»Und was gefällt Ihnen?«

Ich drehe mich langsam um, lasse meine Augen durch den Raum schweifen. In einer Ecke steht ein Stuhl mit gerader Lehne, auf der ein großes Stoffstück zu einem Dreieck drapiert worden ist. Es ist schwarz – schwarz wie ihr Haar. Ich fahre mit der Hand über den Filigranrand und durch die langen seidigen Fransen.

»Das gefällt mir«, sage ich.

»Wirklich? Das ist ein schöner Wollschal, und er ist sehr alt.«

Sie hebt ihn von dem Stuhl und legt ihn über eine Schulter, dann über beide Schultern, schließlich über Kopf und Schultern. Die losen Enden wirft sie mit einem Schwung über die Arme. Nach einer Weile faltet sie ihn ordentlich zusammen und legt ihn zurück auf den Stuhl.

»Der gefällt mir auch«, sage ich und ergreife einen Strohhut mit breiter Krempe. Sie setzt den Hut auf, neigt den Rand zuerst auf eine Seite, dann auf die andere, biegt ihn schließlich nach oben, weg von ihrem Gesicht. Es ist dunkel in dem Laden, doch ich kann mir den Hut vorstellen, wenn Sonnenlicht durch die Öffnungen in dem gewebten Stroh gefiltert wird.

»Wenn ich malen könnte«, sage ich, »würde ich Sie mit diesem Hut malen.«

»Ich werde Sie damit malen«, entgegnet sie. Bevor ich antworten kann, geht sie zur Kasse, kauft den Hut und gibt ihn mir. Er paßt perfekt.

Wir verlassen das Geschäft und streifen durch die Straßen der Stadt, gehen dann auf dem Herweg nach Hause, langsam am Strand entlang, von Zeit zu Zeit innehaltend, um einen Gedanken auszutauschen.

Später, allein in der zunehmenden Dunkelheit, grüble ich über eine Frage nach, die mich verfolgt.

Warum habe ich Anna nicht vor Jahren kennengelernt, als ich jung war? Ich habe sie nicht kennengelernt, weil ich sie nicht gesehen habe, obwohl ich wahrscheinlich an ihr oder an jemand ähnlichem wie sie vorbeiging, viele Male, ohne je zu merken, daß sie da war. Wie bei einem eben aus dem Mutterschoß geglittenen Kind waren meine Augen noch nicht ganz offen gewesen.

Nach all den nachdenklichen Tagen, in denen ich den Sand von Miramar durchkämmte, begreife ich, daß wir nur sehen, was wir sehen wollen, wenn wir bereit sind, es zu sehen. In uns steigt eine ständige Dämmerung auf. Wenn wir wach und dafür empfänglich sind, hebt sie sich während unseres Lebens schrittweise, unmerklich. Mit jedem vergehenden Tag schütteln wir uns mehr Schlaf aus den Augen.

Ich kam nach Miramar, weil ich meiner Isolation und Einsamkeit ein Ende machen wollte. Doch bevor ich Anna finden konnte, mußte ich mich selbst entdecken. Ich mußte die rasche, zielstrebige Strömung aufspüren, die durch mein Leben fließt, um auf Dauer in ihr zu bleiben. Nachdem ich den Mut gefunden hatte, das zu tun, erschien die Frau, nach der ich suchte, nicht als Erscheinung, sondern in Fleisch und Blut, direkt vor meinen Augen.

Ich gehe früh zu Bett und schlafe tief. In meinen Träumen bin ich auf der Chamarita. Anna ist bei mir, wir stehen nebeneinander, schauen uns die Prozession an. Die ganze Nacht hindurch schlafe und träume, schlafe und träume ich, und der Traum ist immer der gleiche. Ich bin mit Anna auf der Chamarita, beobachte den Jungen mit seinem Sonnenschirm, das Mädchen mit seiner Taube, die Königin mit ihrer Krone. Wache ich auf, bleibt der Traum: Anna und ich stehen zusammen am Rand des Gehsteigs, zwei getrennte Menschen, die den gleichen Raum und den gleichen kostbaren Augenblick in der Zeit teilen.

Am Morgen trete ich auf meine Veranda und setze mich hin, bin es zufrieden, nichts zu tun. Es ist bereits spät am Nachmittag, als ich weit unten an der Küste einen Fleck in verwaschenem Purpur sehe. Anna schlendert an der Wasserkante entlang, in einer Hand eine Leinentasche, in der anderen ihren Rock, den sie hochhebt, wenn die Wellen über ihre Füße spülen. Als sie eine bestimmte Stelle unterhalb des Strandhauses erreicht, verschwindet ihr Kopf hinter einer Düne, dann taucht er an der Veranda wieder auf. Sie steigt die Stufen herauf. Oben stellt sie ihre Tasche ab und schaut mich an.

»So«, sagt sie, »sind Sie bereit?«

Ich nicke.

Sie rückt einen Rattansessel ans jenseitige Ende der Veranda und läßt sich hineinfallen, in einem Winkel zum Meer.

»Setzen Sie sich hierher«, sagt sie, »so.«

Ich setze mich so hin, wie sie sagt, die Arme über der Brust verschränkt. Sie löst meine Arme, diese fallen locker auf meinen Schoß. Sie hebt den Strohhut auf und stülpt ihn mir auf den Kopf. Ich greife nach oben, um zu helfen, darauf schlägt sie mir leicht auf die Hand.

»Nicht anfassen«, sagt sie.

Immer wieder drängt sie mich, stillzuhalten, doch es scheint ihr nichts auszumachen, wenn meine Augen umherschweifen. Von Anna, die auf einem Stuhl sitzt, das Zeichenbrett auf dem Schoß, lasse ich den Blick zum Strand gleiten, dann wieder zurück zu Anna. Sie weiß nicht, daß ich sie male, während sie mich malt.

Wie kommt es, wie kommt es, frage ich mich, daß Liebe einem so zuteil werden kann? Sie ist ein Segen, der plötzlich niederrieselt, wie Regen aus einem Sommerhimmel. Eben gehe ich noch an einem einsamen Strandstreifen entlang, im nächsten Moment spreche ich mit einer Frau, die von einem Pier angelt. Sie lädt mich zur Chamarita ein. Ich kaufe ihr eine Blume; sie kauft mir einen Hut. Jetzt sitzt sie auf meiner Veranda, mustert mich aufmerksam, den Kopf geneigt, die Lippen gespitzt, einen Pastellstift zwischen den Fingern.

Es ist spät, als sie Schluß macht. Die Sonne ist hinter den Abendwolken verschwunden. Feuerrote Streifen zucken über den Himmel. Ich stehe aus meinem

Sessel auf und gehe vorsichtig zu ihr, voll Angst vor dem, was ich zu sehen bekommen werde. Sie hebt das Zeichenbrett von ihrem Schoß, dreht es um und zeigt es mir. Ich staune über das, was ich sehe. Sie hat mich genau so gemalt, wie ich mich selbst sehe.

16

Der Strandläufer von Miramar

Still und leise, ohne Aufhebens, ist ein Bildhauer nach Miramar gekommen. Ich sehe seine Kreationen, Steine sind entlang der Felsküste aufeinandergestapelt. Jetzt treffe ich zum erstenmal auf den Künstler selbst, einen schlanken, leicht gebeugten Mann mit dicker, getönter Brille und einem um den Kopf gebundenen roten Bandanna. Er ist in seine Arbeit versunken, bewegt sich leicht, methodisch inmitten der losen Steine, die unter der Felswand am Meer liegen; sorgfältig sucht er sich welche aus und stapelt sie so, daß sie menschlichen Formen ähneln.

Ich beobachte ihn, wie er Felsbrocken und Steine immer wieder neu arrangiert und das Chaos auf seinem Küstenstreifen in einen Skulpturengarten verwandelt. Er hebt einen länglichen Betonklumpen auf und schleppt ihn sieben Meter weiter auf eine freie Fläche, legt einen schrägen, ausgehöhlten Felsbrocken darauf und auf diesen einen gerundeten kleineren Stein. Drei willkürlich ausgewählte Steine, als das erscheinen sie mir. Doch der Bildhauer sieht sie als Ganzes. Zusammengenommen werden sie zu einer Frau in einem knöchellangen Faltenrock, die mit ihren ausgestreckten Armen einen Brotkorb hält.

Die vollkommen proportionierte Frauengestalt hat die verführerische Anmut und den Charme alter buddhistischer Idole, die ich oft in Museen bewundert habe. Ich trete vorsichtig näher, denn ich fürchte, wenn ich ihr zu nahe komme, könnte sie umfallen. Ich möchte sie berühren, doch das Gebilde scheint mir so unstabil zu sein, daß ich es nicht wage.

Der Bildhauer, der meine Gegenwart bisher ignoriert hat, wendet sich mir zu: »Blasen Sie an!«

Ich hole tief Luft und blase so fest ich kann, mehrmals von allen Seiten. Die Skulptur hält den Luftstößen aus meiner Lunge stand.

»Da es nicht umfällt, wenn Sie es anblasen«, sagt er, »stehen die Chancen gut, daß nur die auflaufende Flut oder ein starker Wind es umwerfen werden.«

»Und wenn das passiert?« frage ich.

»Wenn das passiert, komme ich an einem anderen Tag wieder und stelle es von neuem auf.«

Behutsam berühre ich das Gebilde; seine Stabilität überrascht mich. Es scheint der Schwerkraft zu spotten. Ich frage den Bildhauer, ob er die Steine einkerbt, einen Kleber verwendet oder sie mit einem verborgenen Draht verbindet. Er leert seine Taschen, um zu beweisen, daß er kein Werkzeug verwendet, kein künstliches Mittel, nur die Intuition, die seinen geschickten Fingern und seinen umherwandernden Augen innewohnt.

»Wie machen Sie es dann?« frage ich. »Wie bringen Sie die Steine in ein solches Gleichgewicht?«

Er geht seiner Arbeit nach, inspiziert Steine, dreht sie um, bewegt sie hin und her. Ich warte, frage mich, ob er antworten wird. Nach einer Weile sagt er: »Ich denke nicht. Ich hebe einfach Steine auf und lege sie aufeinander.«

Trotz seines Widerstands gelingt es mir, ihm Informationen zu entlocken. Er erzählt mir, daß er in einer Blumenfarm weiter unten an der Küste arbeitet und die Skulpturen hier am Strand in seiner Freizeit errichtet. Ich dringe in ihn, er solle doch versuchen, herauszufinden, warum er von diesen Steinen angezogen wird, warum er sich gezwungen fühlt, sie in menschliche Gestalten und Formen zu verwandeln. Seine Werke bringen ihm kein Geld, kein Ansehen, keinen bleibenden Ruhm. Er weidet sich nicht an seinen Schöpfungen; er leistet den Marotten von Bewunderern wie mir keinen Vorschub. Der Mann zuckt die Achseln und stapelt weiter Steine aufeinander.

Ich setze meinen Weg fort, stelle Betrachtungen über die Vielgestaltigkeit des menschlichen Geistes an. Mir fällt der Rat ein, den Paul Cézanne jungen Malern gab. Er drängte sie, die Natur als ein Gewirr von Kegeln, Rechtecken, Kreisen und Quadraten zu sehen. Das war die Art, in der er die Welt wahrnahm, und er malte Tag für Tag, in Stilleben und Landschaften, was er sah. »Seit Moses hat niemand einen Berg so großartig angeschaut«, schrieb der Dichter Rainer Maria Rilke, nachdem er eine Gedächtnisausstellung von Cézannes Werk besucht hatte.

Den griechischen Mathematiker Pythagoras beeindruckten geometrische Formen auf andere Art. Als er ein rechtwinkeliges Dreieck bemerkte, fühlte er sich nicht gedrängt, es zu malen, sondern er wollte es berechnen, was eine Kunst anderer Art ist. Er stellte fest, daß das Quadrat über der Hypotenuse der Summe der Quadrate über den beiden anderen Seiten entspricht. Vor Jahren im Mathematikunterricht akzeptierte ich die geometrischen Lehrsätze als gegebene Wahrheiten, die uns ein unfehlbarer Gott zugeleitet hatte. Jetzt aber frage ich mich, was für eine Art

Mensch ein Dreieck betrachtet, es durch sein Gehirn filtert und eine Gleichung formuliert, aus der die Affinität seiner Winkel und Seiten sichtbar wird.

Der Geist vibriert gleich den Saiten einer Harfe im Einklang mit dem, was er wahrnimmt. Menschen betrachten die Natur, und der eine bringt ein Gemälde hervor, der andere eine Gleichung, der dritte eine Gruppe Statuen entlang der Küste. Jeder entdeckt sein eigenes Metier, anders gesagt, er drückt seine Gedanken und Gefühle auf seine charakteristische Weise aus. Der Stil ist persönlich, ureigen; er entsteht nicht durch bewußte Entscheidung, sondern strömt wie ein Fluß aus verborgenen Quellen.

Die anmutigen Darsteller meiner Lebenszeit treten mir ins Gedächtnis: Fred Astaire im Tanz, Ella Fitzgerald im Gesang, Benny Goodman mit der Klarinette, Joe DiMaggio im Mittelfeld. Nach meiner Überzeugung war das Talent – wie bei jedem – in ihnen von Geburt an oder schon vor der Geburt vorhanden, und sie spürten ab ihrer frühen Kindheit sein gezeitenartiges Ziehen, das sie leitete. Astaire wählte nicht den Tanz; der Tanz wählte ihn. Er hatte nur die Wahl, zu steppen oder zu sterben.

Ein Dialog zwischen ihm und Ginger Rogers in dem Filmklassiker *Top Hat* enthält eine vielsagende Passage:

Fred: Weißt du, ich ertappe mich von Zeit zu Zeit dabei, daß ich – tanze.
Ginger: Oh, ich vermute, das ist eine Art Leiden.
Fred: Ja, ja – es ist ein Leiden… Ich glaube, ich spüre wieder einen Anfall kommen.

Hände, Füße, Kopf und Körper – alles scheint in verschiedene Richtungen zu fliegen, dennoch sind Symmetrie, Flüssigkeit, Hingabe an jeden Schritt, Leichtigkeit und Schwung in jeder Drehung, und es gibt nirgends eine überflüssige Bewegung. Der Stil ist nicht erdacht, nicht aufgezwungen; er kommt aus dem inneren Schwung des Tänzers und ist eindeutig sein ganz persönlicher.

Bei einem »Leiden« dieser Art gibt es keine Heilung; man muß sich ihm hingeben, es durch ständige Übung, endloses Proben kultivieren, bis die Gabe, die von einer Kraft außerhalb unser selbst kommt, perfekt zugeschliffen ist.

Der allgemeinen Ansicht nach fällt es talentierten Menschen leicht, das zu tun, was ihnen von Natur aus gegeben ist. Fred, Ella, Benny, Joe – was immer sie taten, wirkte zwanglos, als habe es nie eine Zeit gegeben, wo sie aus dem Takt kamen, eine Note verpaßten oder einen Flugball fallenließen. Sogar der Bildhauer unten am Strand möchte mich glauben machen, daß er die Steine auf eine abstrakte, nicht vom Denken gesteuerte Weise aufhebt und aufeinanderstapelt. Ich frage mich jedoch, welche Opfer er gebracht hat, welche Selbstzweifel er überwunden hat, um diese klare Sicht zu erlangen, die seine Formen beseelt.

Vincent van Gogh sprach den Kampf des Künstlers, den Kampf jedes Menschen, in einem Brief an seinen Bruder Theo an:

> *Und große Dinge sind keineswegs etwas Zufälliges, sondern müssen ganz ohne Zweifel gewollt werden. Was ist Zeichnen? Wie lernt man es? Es bedeutet, daß man sich durch eine unsichtbare Eisenwand arbeitet, die zwischen dem steht, was man fühlt, und dem, was man tun kann.*

Hätte ich es nicht schon früher gewußt, wüßte ich es jetzt: Auch ich versuche schon mein ganzes Erwachsenenleben lang, durch eine unsichtbare Eisenwand hindurchzubrechen.

Hier auf dem Sand von Miramar bin ich diesem Ziel näher gekommen als an jedem anderen Ort, an dem ich früher wohnte. Die Reise war nicht einfach; und ich muß noch ein Wegstück zurücklegen, bevor ich ganz ans Ziel gelange. Doch ich bin unterwegs zur Mitte meiner selbst und tue mein Bestes, um im Voranschreiten Schichten von Trug und Schein abzustreifen.

Ich glaube, wir spüren den Puls unseres Talents schon als junge Menschen in unseren Körpern dahinjagen. Die Leidenschaft, die uns vorantreibt. Wir wissen intuitiv, wer wir sind und wohin wir gehen müssen, genau wie Vögel jene Strecken kennen, die sie bei ihren Zügen im Frühling nach Norden und im Herbst nach Süden zurücklegen müssen. Doch später, wenn wir heranreifen, nehmen wir Verhaltensmuster an, die zwischen uns und unser Fühlen treten.

Als Junge schrieb ich, wie ich schreiben wollte, ohne mich je um Gescheitheit zu bemühen, denn ich war zu jung, um zu wissen, was Gescheitheit ist. Die Worte entsprangen meiner unbehauenen Emotion, und wenn der Lehrer mich aufforderte, das Geschriebene laut vorzulesen, lachten und weinten die Kinder, die meine Klassenkameraden und Freunde waren. Als ich ein Mann wurde, begann ich zu schreiben, um das Lob und den Applaus anderer zu erringen, von denen ich dachte, sie würden mein Schicksal beherrschen. Erst als ich in meine Kindheit zurückging und von neuem zu schreiben begann, wie ich schreiben wollte, zu denken, wie ich denken wollte, und zu fühlen, wie ich fühlen wollte, stiegen die Worte wieder leicht in mir auf.

Die Schaffung eines authentischen Kunstwerks, die Schaffung eines authentischen Lebens – sie sind ein und dasselbe. Weder das eine noch das andere kann erreicht werden, solange Verstellung und Heuchelei den Weg verbauen. Ein Leben, das man hinter einer Maske führt, die als solche Aufmerksamkeit fordert, ist zum Scheitern verurteilt.

Ein guter Bekannter von mir starb an der Maske, die er trug. Ich dachte lange, wir seien enge Freunde. Als man mir sagte, er habe sich umgebracht, sank ich auf die Knie, als hätte man mir von hinten einen tödlichen Schlag versetzt. Ich konnte nicht begreifen, wie jemand, der soviel Charme, soviel Selbstvertrauen, soviel gesunden Menschenverstand besaß, sich das Leben nehmen konnte.

Ich hielt bei seiner Beerdigung die Grabrede, und ich trauerte – um ihn und um mich. Mir wurde klar, daß dieser Mann, den ich für meinen Freund gehalten hatte, in Wirklichkeit ein Fremder war. Alles, was ich je an ihm gesehen, je von ihm gekannt hatte, waren der Witz und die Geselligkeit gewesen, hinter denen er seine Seelenqualen verbarg.

Und Richard Cory ging in einer ruhigen Sommernacht
nach Haus und schoß sich eine Kugel durch den Kopf.

Auf diese Zeilen von Edwin Arlington Robinson stieß ich, als ich mein zweites Collegejahr absolvierte, und damals wußte ich nicht, was sie bedeuteten. Wie konnte jemand vom Schlage Richard Corys, der

»Pulse zum Jagen brachte, wenn er guten Morgen sagte«, der »reich war – ja, reicher als ein König«, der »bewundernswert geschult war in jeder Anstandsregel«, eines Nachts heimgehen und sich erschießen?

Der Dichter jedoch wußte, was ich als Jugendlicher nicht wußte – nicht wissen konnte. Er wußte, daß Richard Cory nichts Ungewöhnliches ist; er ist eine vertraute Gestalt, ein Mensch, der durch die Straßen seiner Stadt streift, hier und da stehenbleibt, um mit Bekannten zu plaudern. Er ist immer höflich, immer ordentlich gekleidet. Doch was er präsentiert, ist nicht er selbst, sondern ein gefälschtes Bild von ihm, eine sorgfältig zusammengestellte Verkleidung, womit jene beeindruckt werden sollen, denen er unterwegs begegnet. Sein Leben ist also kein wirkliches Leben, sondern eine Maskerade.

Die Welt ist voller Richard Corys. Sie sterben, genau wie mein Freund starb, ohne daß ich es merkte. Sie sterben langsam, sterben unausweichlich, denn ob sie es sich eingestehen oder nicht, sie verabscheuen die Person, die zu sein sie vorgeben, und ihnen fehlt der Mut, der Mensch zu sein, der sie sind.

Ich weiß nicht, was meinen Freund quälte, und ich werde es nie erfahren. Vielleicht befand er sich in einem tiefen moralischen Dilemma, das er nicht zu enthüllen wagte. Homosexuelle Männer und Frauen sprechen davon, »aus dem Schrank zu kommen«, als seien sie die einzigen, die aus Scham ihr wahres Selbst nicht zeigen wollen. Seit dem Selbstmord meines Freundes bin ich zu der Überzeugung gelangt, daß viele von uns lieber sterben würden, als ihre Masken abzunehmen und mit unverhülltem Gesicht vor der Welt zu stehen.

Am Strand kommt mir ein älteres Paar entgegen, das Arm in Arm geht. Die Frau hat dicke Lippen, eine Knollennase und eine große Warze auf der Wange. Der Mann ist kahl; er hat dicke schwarze Augenbrauen und ein schweres Doppelkinn. Beide sind barfuß, schlendern langsam dahin, in ihr Gespräch vertieft. Doch als sie vorbeigehen, wenden sie sich mir zu und nicken freundlich, als nähmen sie mich für einen Moment in ihre Gesellschaft auf.

Mir kommt der Gedanke, daß die Frau doch ihre Makel mit Make-up kaschieren und daß der Mann sich liften lassen könnte. Mit Hilfe einer Kosmetikerin und eines Schönheitschirurgen könnten sie Betrachtern und Passanten ein völlig anderes Bild bieten. Wenn sie das täten, würden jedoch die falschen Gesichter diktieren, was sie sagen und wie sie sich verhalten; sie würden die Echtheit ihres Lächelns verlieren, das den Tag erhellt.

In meinem Strandhaus habe ich auf dem Schreibtisch eine Reihe Ansichtskarten mit Porträts aufgestellt. Die Gesichter sind von Leben erfüllt. Eines ist eine Studie des heiligen Ambrosius von Peter Paul Rubens, massiger Kopf, Hakennase, lockiger Bart, aufmerksamer Blick. Sah Ambrosius so aus, oder ist das Porträt die Vollendung von Rubens' fruchtbaren Phantasien? Der heilige Ambrosius starb zwölfhundert Jahre vor Rubens' Geburt, doch auf dem Gemälde verschmelzen die beiden Männer: Der aufrichtige Künstler zeigt uns den aufrichtigen Heiligen.

In meiner persönlichen Galerie gibt es natürlich noch andere Porträts: Ein flirtendes Mädchen, das seinen Schleier hebt, von Bartolomé Esteban Murillo. Eine heitere junge Frau von Edgar Degas. Einen verzweifelten Mann von Paul Cézanne. Ein fröhliches flatterhaftes Mädchen von Winslow Homer. Immer wenn ich die Porträtierten betrachte, steigt in mir die Überzeugung auf, daß die Hoffnungen der Welt nicht auf Kirchenmännern, Staatsmännern oder Politikern ruhen, sondern auf Männern und Frauen wie diesen, die aus ihrem Leben jede heuchlerische Verstellung verbannt haben.

Einer nach dem anderen gehen sie voran, beeinflussen durch ihre Gegenwart die Art unseres Denkens und Handelns. *Ihr seid das Licht der Welt. Eine Stadt, die auf dem Berge liegt, kann nicht verborgen bleiben.*

In solche Gedanken versunken, merke ich gar nicht, wie die Zeit vergeht. Bevor ich recht weiß, wie, bin ich beim Postamt, wo ich zweimal in der Woche meine Post abhole. Mein Fach ist ziemlich weit unten; ich muß mich bücken, um den Inhalt herausnehmen zu können. Beim Aufrichten drehe ich mich um und stehe einer ungekämmten Frau in einem zerdrückten Kleid gegenüber, die mit einem törichten Grinsen zu mir aufschaut.

Ich habe sie früher schon gesehen, wie sie mit ihrem klapprigen Fahrrad einen zum Strand führenden unbefestigten Weg entlangfuhr, bei jeder Mülltonne haltmachte und sie nach leeren Flaschen und Dosen sowie Essensresten durchwühlte.

»Ich weiß, wer Sie sind!« sagt sie laut. »Sie sind der Strandläufer von Miramar.«

Es ist Mittag; das Postamt ist voller Menschen, die Briefmarken kaufen, Pakete aufgeben, ihre Post durchgehen. Sie schauen zu mir her, starren mich an. Ich möchte fliehen. Doch dieser Drang vergeht ebenso schnell, wie er gekommen ist.

»Der Strandläufer von Miramar?« entgegne ich. »Ja, genau der bin ich.«

17

Ebbe

Ich wache vor der Morgendämmerung auf, ziehe mich an und gehe zur Wasserkante hinab. Der Wind ist schwach, die Dünung riesig, und die phosphoreszierenden Kleinstlebewesen leuchten in der schimmernden Gischt wie erlöschende Glutasche. Ich bin allein hier, wie in so vielen Nächten zuvor. Der abnehmende Mond steht tief am westlichen Himmel. Unter seinem milden Licht rollt die See in unaufhörlicher Bewegung an die Küste, zermahlt Steine und Erde zu Sandkörnern.

Sie war nicht einfach, diese Reise nach Miramar. Aber jetzt bin ich da, nachdem ich viele Flüsse und viele Berge überquert habe. In diesem Moment, während ich an dem vom Mondlicht übergossenen Strand sitze, wünsche ich mir mehr als alles andere, das langsame, stetige Fortschreiten meiner Existenz zu spüren, das Kontinuum meiner Tage.

Ich habe bereits ein langes Leben hinter mir; mich verblüfft auch, wie weit meine Erinnerungen zurückreichen, wie viel die Jahre enthalten ...

Ich bin dreizehn und strolche eine spitz zulaufende Sandbank entlang, wo der Atlantische Ozean und die Great South Bay aufeinandertreffen. Ebbe herrscht, wie jetzt auch; ich befinde mich im zarten Alter der Entdeckung, in dem jede gesprenkelte Muschelschale ihre eigene Überraschung enthält. Scheidenmuscheln, junge Venusmuscheln, Uferschnecken, Molukkenkrebse – sie alle sind über den Sand verstreut, und ich habe keine Ahnung, über was ich stolpern könnte, während ich durch seichte Stellen wate.

Ich sehe ein Luftloch und grabe mit der hohlen Hand vorsichtig rundherum, bis ich eine köstliche Sandklaffmuschel freigelegt habe. Ich finde zwanzig, fünfzig, hundert und gebe sie in Salzwassertümpel, genau wie jene, die jetzt rund um mich liegen. Eine Stunde lang lasse ich sie vom Wasser sauberspülen. Als ich sie heraushebe, sind sie eine Delikatesse, frei von Sand, fertig für den Dampftopf.

Indem ich an den Jungen zurückdenke, rufe ich mir mein einstiges Selbst in Erinnerung, jenes Kind, das ich, als ich ein Mann wurde, so weit in den Grund meines Wesens hinabstieß, daß ich sein Vorhandensein vergaß. Jetzt, all die Jahre später, wird mir klar, wie sehr ich es vermisse, wie sehnlich ich mir wünsche, es wiederzubekommen.

Unruhig blicke ich über den Kamm der Wellen. Die Bilder meiner Vergangenheit erscheinen vor mir, die Menschen, die ich kannte, die Orte, an denen ich war, die Trauer um das, was einst gewesen ist und nie mehr sein kann. Meine Eltern vermählten sich und starben, bevor sie alt genug waren, mich als Erwachsenen zu sehen. Ich heiratete; meine Frau und ich zogen selbst Kinder groß, bevor unsere Ehe scheiterte und wir uns trennten. Ich ging einem Beruf nach, der mich frustrierte, gab ihn auf und schlug eine andere Richtung ein, voller Reue wegen der Jahre und der Energie, die ich vergeudet hatte.

Warum mußte ich so jung einen solchen Verlust erleiden? Warum wählte ich eine Frau, die so gar nicht zu mir paßte? Warum ließ ich meine Berufslaufbahn von meinen Finanzen bestimmen? Völlig verwirrt trat ich meine Pilgerreise nach Miramar an, und jetzt endlich glaube ich, daß ich verstehe.

Verlust, Vergeudung, Reue, Kummer, Schmerz – das sind Urteile eines Mannes, nicht die Angelegenheiten eines Kindes. Als ich in der Jugend am Strand entlangstreifte, fällte ich keineswegs ein Urteil über jeden Schritt, den ich tat, über jede Kehrtwendung, die ich machte, über jeden Schatz, den ich fand. Ich nahm die Geschehnisse meines Lebens hin, akzeptierte sie als das, was sie waren, was sie sind. Ich begrüßte das Unerwartete, hielt am Unbekannten fest, bewegte mich in einer Gleichgestimmtheit mit Wind und Regen. Erst seit ich erwachsen bin, versuche ich den Ereignissen, die meine Reise durch diese Welt prägen, Namen zu geben: Leben, Tod, Gutes, Böses, Freude, Leid.

Die Geschehnisse in meinem Leben sind wie das Rollen der Wellen, das Kentern der Tide, das Umspringen des Windes: Sie enthalten kein Urteil. Der Tod meiner Eltern war keine Tragödie, meine Heirat war kein Fehler, meine Karriere war keine Fehlkalkulation. Sie waren der Lauf meiner Tage, das Muster meiner Jahre, der Fluß des Lebens, das mir gegeben wurde, und die Art, in der ich es lebte.

Ich beobachte, wie die Morgendämmerung langsam über die Dünen kommt. Vor der Küste draußen fliegt eine Schar brauner Meerespelikane so knapp über der See dahin, daß ihre Flügel das Wasser zu berühren scheinen. Sie steigen und kreisen; vom Strand aus wirken sie wie winzige Flugsaurier, die nach Beute tauchen. Ab und zu sehe ich so viele von ihnen über mir versammelt, im Zickzack fliegen und durch den bleiernen Himmel schießen, daß sie untrennbar scheinen wie treibender Regen.

Mehr als zehn von ihnen fischen, und Möwen jagen hinter jedem von ihnen her. Ich picke mir einen Pelikan heraus und verfolge seinen Flug, beobachte, wie er verharrt und herabschießt, seinen Körper verdreht und seine Flügel nach hinten legt, kurz bevor er ins Meer eintaucht. Als er wieder auftaucht, greifen ihn sofort zwei Möwen an; sie setzen sich auf seinen Kopf und hacken auf seinen Schnabel ein, um ihn zu zwingen, seine Beute auszuhusten.

Der Pelikan hebt seinen Kehlhautsack, läßt das Wasser herausfließen, verschluckt seinen Fisch und schwingt sich wieder empor, kreist mit rhythmischen Flügelschlägen am Himmel, von Möwen verfolgt. Er weiß, daß sie ihm überallhin folgen, wohin er fliegt, und ihn verspotten, immer wenn er taucht. Doch er läßt sich nicht beirren. Er steigt empor, sich nur dessen bewußt, wozu er bestimmt ist. Sein Lebenszweck besteht darin, nach Anschovis zu tauchen; meiner darin, den Sand zu durchkämmen.

Ein Jogger kommt durch den Morgendunst auf mich zu; an seiner Gangart erkenne ich, daß er ein Bulle von Mann ist. Aus der Nähe sehe ich dann, daß sein Hals den gleichen Umfang hat wie seine Schenkel, die auf und ab stampfen wie Kolben, während er den schweren Sand durchpflügt. Bis zu den Knöcheln einsinkend, patscht er vorbei; zwanzig Minuten später höre ich ihn von hinten herankommen, und er passiert mich ein zweitesmal. Ich laufe hinter ihm her, will feststellen, ob ich sein Tempo mitgehen kann. Doch nach hundert Metern entdecke ich einen Tanker weit draußen auf See. Ich bleibe stehen und schaue zu, wie er auf dem Horizont entlangfährt; man könnte meinen, er würde jeden Augenblick seitlich über den Rand der Erde kippen.

Als junger Mann wurde ich von praktischen Überlegungen aufgezehrt. Ich maß meine Fortschritte an äußeren Dingen: dem Stand meines Bankkontos, dem Haus, in dem ich lebte, meinem Vorankommen im Berufsleben. Ich zergliederte mein Leben in Abteilungen, fuhr täglich zwischen Arbeit und Vergnügen hin und her. Ich strebte und strebte ständig, ohne überhaupt zu wissen, wonach.

Jetzt bin ich des Kämpfens müde; ich will nicht mehr kämpfen. Ich will nicht mehr gefallen; ich brauche keinen »Staat« mehr wie Geld, Macht oder Erfolg. Mich verlangt nicht nach einer Trophäe an der Wand oder einem Eckbüro mit einer Topfpflanze. Ich sehne mich nicht nach einem Haus, um das andere mich jedesmal beneiden, wenn sie daran vorbeifahren. Alles, was ich will, ist ein Leben, das mir gehört.

Irgendwo in meinem Wesen befindet sich ein unberührter, nicht entweihter Ort, der aus der Sonne geboren ist und sich die ganze Zeit über zur Sonne hin bewegt. Er ist immer da gewesen, die Summe all dessen, was ich bin und zu sein bestrebt bin, jener Aspekt meiner Natur, den ich als meine Seele bezeichne. Still und leise hat diese Kraft in mir ihre eigene Triebkraft erlangt und mich hierher nach Miramar geführt.

Mein Leben ist von seinem Beginn an bis zu eben diesem Augenblick ein großer Wanderzug gewesen. Langsam, instinktiv habe ich Richtung genommen auf die Zeit und den Ort hier, wo ich die von praktischen Menschen festgelegten willkürlichen Existenzgrenzen abwerfen und mein Leben leben konnte.

Wir haben Ebbe, das Wasser ist ganz abgeflossen, und das lange schräge Flach, das vor ein paar Stunden von Wellen überspült wurde, liegt jetzt frei. Ich gehe zurück, auf mein Strandhaus zu. Meine Füße sinken in den weichen, nassen Sand. Der erfrischende Meerwind streicht mir übers Gesicht; die Sonne, halb oben am Morgenhimmel, scheint mir auf den Rücken. Ich denke an Pfannkuchen und beschleunige mein Tempo; das Verlangen wächst mit jedem Schritt. Ich kann hineingehen, den Teig schlagen und die Pfanne heiß werden lassen. Ich steige die Stufen zur Veranda meines Strandhauses hinauf. Noch bevor ich die Tür öffne, schmecke ich den Sirup.

Der Autor

Richard Bode hat Literaturwissenschaften an der Colombia Universität, New York, studiert und war dort Zeitungs- und Zeitschriftenredakteur sowie Verlagslektor. Heute lebt er als freier Schriftsteller in El Granada, Kalifornien.

Er hat mehrere Bücher veröffentlicht, darunter die autobiographische Erzählung *Blue Sloop at Dawn.* Er wurde mit dem Preis »Excellence in Writing Award of the American Society of Journalists and Authors« für einen seiner Zeitschriftenartikel ausgezeichnet.

In Deutschland lieferbar ist seine Erzählung: *Nimm zuerst ein kleines Boot. Von den Gezeiten des Lebens* (Ariston 1997).

Richard Bode
Nimm zuerst ein kleines Boot
Von den Gezeiten des Lebens

Deutsch von Helga Künzel
240 Seiten, gebunden,
ISBN 3-7205-1955-4

»*Nimm zuerst ein kleines Boot* ist so etwas wie das seglerische Pendant zu einem anderen amerikanischen Bestseller: *Zen und die Kunst, ein Motorrad zu warten.* Auch Bode verknüpft hintersinnig sein Hobby, das Segeln, mit einer ganzheitlichen Vorstellung menschlicher Existenz. Er fängt den Geruch von Wind und Wellen ein und vermittelt einen Geschmack vom unmittelbaren Leben.«

Palstek 6/97

Dieses Buch erhalten Sie in jeder Buchhandlung.
Ein farbiges Büchermagazin mit den lieferbaren Titeln des Ariston Verlages senden wir Ihnen auf Wunsch gerne zu.

ARISTON VERLAG · KREUZLINGEN/MÜNCHEN

Hauptstraße 14, CH-8280 Kreuzlingen, Tel. 071/672 72 18, Fax 071/672 72 19
Karl-Theodor-Straße 29, D-80803 München, Tel. 089/38 40 68-0, Fax 089/38 40 68-10

Claus Gaedemann

Ich habe immer Zeit

Zeitökologie: Zeit nutzen – Zeit sparen – Zeit haben

Wie gehen wir eigentlich um mit unserer Zeit? Verplempern wir nicht viel zuviel davon mit unwichtigen oder unsinnigen Dingen? Doch die Ressourcen unserer Lebenszeit sind nicht unerschöpflich – höchste Zeit, etwas zu ändern. Dieses Buch zeigt, wie sich durch einen bewußteren Umgang mit jeder Stunde unseres Lebens mehr Zeit zum Leben gewinnen läßt – mehr Lebensqualität durch Zeitökologie. Mit einer Fülle praktischer Methoden stiftet Gaedemann zu einer persönlichen Zeit-Umstellung an, die neue Lebensqualität eröffnet.

240 Seiten, kartoniert, ISBN 3-7205-1734-9

Donald Norfolk

Nie mehr müde und erschöpft

Frisch und vital in 28 Schritten

Der bewährte Ratgeber gegen chronische Müdigkeit, vollständig überarbeitet und benutzerfreundlich gestrafft und strukturiert. Praxisnah und in 28 Schritten baut das Buch des britischen Therapeuten und Heilpraktikers die vielfältigen Ursachen der verbreiteten »Volkskrankheit« Chronische Müdigkeit ab. Spüren Sie mit Hilfe dieses Buches die persönlichen Ursachen auf, folgen Sie den empfohlenen Schritten und Sie werden sich rasch als »neuer Mensch« fühlen.

208 Seiten, kartoniert, ISBN 3-7205-1432-3